Wolfgang Wallrich

Lebende Worte

Wolfgang Wallrich

Lebende Worte

Fromm Verlag

Imprint
Any brand names and product names mentioned in this book are subject to trademark, brand or patent protection and are trademarks or registered trademarks of their respective holders. The use of brand names, product names, common names, trade names, product descriptions etc. even without a particular marking in this work is in no way to be construed to mean that such names may be regarded as unrestricted in respect of trademark and brand protection legislation and could thus be used by anyone.

Cover image: www.ingimage.com

Publisher:
Fromm Verlag
is a trademark of
International Book Market Service Ltd., member of OmniScriptum Publishing Group
17 Meldrum Street, Beau Bassin 71504, Mauritius

Printed at: see last page
ISBN: 978-620-2-44191-9

Inhaltsverzeichnis

NEUSTART

Er wollte den Posten unbedingt haben.
Er hatte sich gut auf das Bewerbungsgespräch
vorbereitet.
Er hatte beste Zeugnisse parat.
Ein guter Studienabschluss ist viel wert.
Nachweise von Fortbildungen lagen vor.
Seine Kompetenz war schriftlich nachweisbar,
seine Erfahrung offensichtlich.
Auf alle möglichen Fragen hatte er sich
gründlich vorbereitet.
Er war vorpräpariert durch vielerlei Programme.
Sogar das Sprechen hatte er geübt -
die nötige Körperhaltung und „Körpersprache“
vor dem Spiegel trainiert.
Das geringe Lispeln hatte er in einer Sprechschule
abgelegt.
Er war nicht durch vorlaute Radikalismen aufgefallen.
Zur Zeit hatte er das „richtige Parteibuch“.
Und dann? -Dann kam nur die eine seltsame Frage.
Direkt am Anfang, dreimal hintereinander:
Kannst Du lieben?
Hast Du die Menschen lieb?
Kannst Du Dir auch vorstellen,
die Gescheiterten zu lieben, die Dementen zu lieben,
die Fremden, gar Deine Feinde?
Kannst Du die Luft, das Wasser, die Erde,

die Tiere und die Pflanzen lieben?

Liebst Du das Leben?

So fragte damals der Meister,

als ein gewisser Petrus Karriere machen wollte:

Kann Deine Liebe öffentlich sein?

Schließlich behauptete auch der Leiter von

Buchenwald, er liebte seine Frau.

Das war aber seine einzige, sehr privat und

geheim gehaltene Liebe.

Öffentlich aber ist die Liebe, sagte der Meister:

Grundsätzlich eine Kraft zum Leben mit allem

und allen.

Liebe muss auch strukturell sein.

Ja denke ich,

Wenn man beim Gang aus dem Privatleben seine

Liebe an die Garderobe hängt, ist sie keine.

Sicher würde der Meister die Bewerbungsgespräche

Mit PolitikerInnen, BischöfInnen, PfarrerInnen,

PädagogInnen, Religionsführern, JournalistInnen,

BankdirektorInnen, AmtsleiterInnen der ARGE und

des Ausländeramtes, ÄrztInnen und allen ab A12

müssten Bewerbu8ngsgespräche heute auch so beginnen oder?

Naiv?

Der Meister war mit seiner öffentlicher Liebe

bis ans Kreuz gegangen.

Und Pfingsten feiern wir das Fest des Geistes der Liebe.

Dieser „Heilige Geist“ wurde über die FreundInnen

Jesu ausgegossen, und Pfingsten wurde sozusagen zum

Geburtstag der Kirchen.

Die Kirchenvertreter dürfen endlich aufhören,

darüber zu streiten, wer wohl die rechte Lehre hat

und die wahre Kirche ist.

Die Liebe ist das Größte, hatte er gesagt.

Versucht es damit.

+ ,Frohe Pfingsten

Es war letztes Jahr am Pfingstmontag.

Abends um 21 Uhr.

Zuerst waren es wohl Funken.

Und dann war das Feuer ausgebrochen,

mitten in Alfter.

Bei Frau Bankdirektor Ippekoven, am Markt,

im dritten Stock.

Die Feuerwehr kam mit 5 Wagen –

die Nachbarschaft stand komplett auf der Strasse.

Die Wasserschläuche waren schon ausgefahren,

die B- und C-Rohre.

Der Löschführer Jupp Odenthal rief schon

„Wasser Marsch“.

Da stutzten plötzlich alle.

„Da ist ja gar kein Rauch“, sagte eine Kind,

das Simra hieß.

Im 3.Stock ging ein Fenster auf und eine Frau rief:

„Hier. Hier – kommt alle her.

Frau Ippekoven hat Feuer gefangen!

Aber bitte nicht löschen!

Bitte kein Wasser!

Hier wirkt kein Wasser.

Kommt alle schnell hoch!“

Die gesamte Nachbarschaft, 25 Feuerwehrleute und

6 Polizisten und 4 Frauen und Männer vom Rettungswagen

stürmten in die Wohnung.

Ein Feuerwehrmann rief:

„Das ist ja unglaublich. Die Frau schlägt ja Funken!“

Und wirklich:

Die alte Bankdirektorenwitwe Erna Ippekoven

saß am Klavier und sang aus voller Brust:

„O Komm du Geist der Wahrheit und kehre bei uns ein“.

Die Feuerwehr begann mitzusingen:

„Verbreite Licht und Klarheit, verbanne Trug und Schein“.

Der eine Polizist schüttelte den Kopf:

„Die hat ja Feuer gefangen, Richtig Feuer gefangen“.

Und alle Nachbarn sangen mit:

„Gieß aus Dein heilig Feuer, rühr Herz und Lippen an,

dass jeglicher getreuer den Herrn bekennen kann.“

Ja, sagte der Einsatzleiter der Feuerwehr:

„Die Frau steckt alle an –

so ein Feuer müsste es zu Pfingsten in jeder Strasse

der Stadt geben“.

Am Schluss jubelten alle.

Frau Ippekoven winkte ab.

Sie sagte leise:

„Frohe Pfingsten, liebe Leute.

Lasst Euch anstecken.

Die Liebe ist eine ansteckende Gesundheit.

Lasst Euch doch infizieren von Liebe,

Gerechtigkeit, Solidarität und Wahrheit.“

Alle verließen gerührt und schweigend die Wohnung.

Sie wünschten sich „Frohe Pfingsten“.

5 Monate später ist Frau Ippekoven gestorben.

Ihre 4 Kinder haben das nicht unwesentliche Erbe,

auf Wunsch der Mutter

an Sozialeinrichtungen weitergegeben.

„Steht als Liebe"

Nach all den langen Jahren nach Frust und Heiterkeit Nach ungezählten Worten
Lesen Schriftenhorten
Wir sind noch nicht am Ziel
Trotz Predigt und viel Ehre
Wir stehn ihm noch zu Quere
dem Herren Christ

Nach all den langen Jahren
nach Lust und Bitterkeit
Nach ungezählten Taten
Sitzungen weiten Fahrten
Wir sind nur auf dem Weg
Trotz Titel und viel Ehre
Wir stehn ihm noch zu Quere
dem Herren Christ

Nach all den langen Jahren
nach Stress und Freundlichkeit
Nach ungezähltem Denken
Verzweifeln und Versenken
Wem sind wir auf der Spur
Trotz Anspruch und Misere
wir stehn im noch zu Quere
dem Herren Christ:

STEHT ALS LIEBE UND WAHRHAFTIGKEIT
IST DIE STIMME DER KINDER IN WICHTIGKEIT
STEHT ALS GÜTE UND WAHRHAFTIGKEIT
IST DAS LEIDEN DER ARMEN IN UNSRER ZEIT

Weihnachten 1996

Das Menschliche Leben, ein Weg – Ein Gespräch zwischen den Generationen

Einleitung:

Für ein Gespräch zwischen den Generationen wähle ich meine Oma *Bettina Druschke-Wallrich* als Sprechpartnerin. Über meine Oma weiß ich, dass sie als älteste von sechs Kindern in Leipzig, in der DDR aufgewachsen ist, bis sie in ihrem dreizehnten Lebensjahr mit ihrer Familie in den Westen geflohen ist. Dort mussten sie besonders auch in der Schule hart arbeiten, um sich einzufinden, und durch das Orgelspielen und andere Freizeitaktivitäten war bei ihr immer was los. Bettina hat sieben Kinder, eins davon mein Vater, und sechs Enkelkinder, an welchen sie die Veränderungen von Zeit zu Zeit gut beobachten konnte, dies ist ebenfalls ein Grund, weshalb ich sie für dieses Interview gewählt habe.

Eine Zeit lang wohnte sie in Schweden, bevor sie wieder nach Deutschland zurückgekehrt ist, wo sie zur Zeit mit ihrem Mann in Duisburg-Rheinhausen lebt.
Vor ihrem Ruhestand arbeitete sie als Kirchmusikantin, teilweise als Lehrerin und half besonders innerhalb der Kirchengemeinde tatkräftig mit. Heute unterrichtet sie in ihrer freien Zeit Flüchtlinge, allgemein möchte sie anderen sehr gerne helfen.

Ich finde es interessant, ihre Meinung und für mich natürliche Sachen aus ihrer Sicht kennenzulernen, da sie viel mehr Erfahrung hat und sich seit ihrer Kindheit so viel verändert hat. Besonders interessant finde ich es, mehr darüber zu erfahren was sie in der Zukunft sieht und wie sie meine Generation sieht oder sie belehren möchte.

Hauptteil:

Ich: In deiner Kindheit war ja alles sehr anders als jetzt, unter anderem bist du in der DDR aufgewachsen.(?)

Bettina: Genau, bis ich dreizehn war.

Ich: Wie war es denn zu deiner Zeit? Wie war deine Kindheit?

Bettina: Wie gesagt bin ich in der DDR aufgewachsen, wo eben alles ganz anders war als zum Beispiel heute. Es gab die „Jungen Pioniere" denen man beitreten musste und auch sonst war man nicht wirklich frei. Freiheit besaß man nur während man zu hause, unter sich und der Familie war. Seine Meinung und die der Familie musste man unbedingt für sich behalten, da es schlimme Folgen haben konnte, wenn man mit gewissen Sachen zu laut herum prahlte. Außerdem musste man schon viel früher über Politik und Gesellschaft nachdenken und lernen zu seiner eigenen Meinung zu stehen.

Ich: Findest du es jetzt auch noch wichtig, gut informiert zu sein und zu seiner Meinung zu stehen?

Bettina: Ja, auf jeden Fall.

Ich: Okay, das ist immer gut. Gibt es denn irgendwas besonders wichtiges, das dir aufgefallen ist, das sich in der Gesellschaft verändert hat?

Bettina: Mit der Zeit auf jeden Fall, aber auch nach der Flucht und dann im Westen schienen plötzlich alle so unbedacht, man wurde nachlässiger. Besonders als sich die Konsumhaltung durch die Wirtschaft gebildet hat, wurde man im Konsum nachlässiger, weil man wusste, dass keine Not herrschte. Man gewöhnte sich schnell und gerne an den Wohlstand. Auch heute ist das noch so. Man schätzt das was man hat viel weniger und die Jugend löst sich viel früher von der Familie, weil der Zusammenhalt nicht mehr genauso stark ist, wie er früher war, als man Freiheit nur untereinander hatte.

Ich: Wie hat sich die Arbeit und die Ausbildung denn so verändert?

Bettina: Es wurde schwieriger, eine Arbeit zu finden, da es früher viel mehr Arbeitsplätze gab, die heute eher unnötig wären, da alles durch Maschinen und Roboter ersetzt wurde. Maschinen werden als billiger und genauer eingestuft und dadurch wurden immer mehr Menschen arbeitslos. Heutzutage ist es viel schwieriger eine Arbeit zu finden.

Ich: Apropos Technik, die hat sich bis heute auch sehr viel weiter entwickelt, was hältst du denn von der modernen Technik?

Bettina: Meine erste Empfindung: trotz des enormen Fortschritts, der durch die Zeit gemacht wurde, ist es nicht nur eine positive Entwicklung. Natürlich ist es wunderbar, wie hilfreich die moderne Technik ist, besonders in der Medizin und im Sinne von Computern, aber gleichzeitig werden Menschen an ihren Arbeitsplätzen überflüssig und werden so arbeitslos. Die Menschen wollen immer mehr und wollen alles immer besser und besser machen.

Ich: Fast so wie eine Sucht?

Bettina: Ja, so kann man es beschreiben. Es ist ein Zwiespalt. Besonders Handys und junge Kinder mit Handys laufen eine gewisse Gefahr. Über Handys ist es leicht andere zu mobben, oder ältere Menschen kriegen so leicht Kontakt mit jüngeren und können sie ahnungslos locken. Durch moderne Geräte isolieren sich viele auch, man verschwindet ganz in der Welt und Freunde und Familie werden vernachlässigt.

Ich: Es stimmt ja schon, dass meine Generation fast schon von Anfang an mit Technologie und Computern aufgewachsen ist, und es gibt natürlich diese Behauptungen, dass viele sehr unsozial handeln und zu viel an Hightech Geräten sitzen. Stimmst du alldem zu und was hältst du von der jungen Generation von heute?

Bettina: Es ist natürlich nicht bei allen so, aber ich habe schon das Gefühl, dass durch solche Suchten zum Beispiel die Bindung zum Elternhaus nicht genauso stark ist, wie sie früher bei uns war. Das liegt natürlich hauptsächlich daran, dass man früher nur zu hause frei war und dadurch die Familie wichtiger war, aber trotzdem glaube ich, dass die Generation heute größere Gefahr läuft, sich selbst zu isolieren und dann ohne starke Beziehungen dazustehen.

Ich: Was würdest du dir denn erhoffen, das meine Generation erreicht oder ändert?

Bettina: Ich würde mir wünschen, dass jeder versucht etwas Interesse im Gemeinschaftssinn und der Politik zu zeigen, jeder sollte sich informieren können und seine eigene Meinung erschaffen und verteidigen, statt sich einfach jemandem anzuhängen. Wenn jeder etwas Mitgefühl oder Bereitschaft anderen zu helfen hätte, dann könnte man allein damit einiges verändern, und ich hoffe, dass ihr es später einfacher habt.

Ich: Kleine Sachen können sicherlich großes bewirken. Und zur Abschlussfrage – Wie hoffst du, wird die Zukunft aussehen?

Bettina: Ich hoffe, dass es in der Zukunft einfacher auch für Junge wird. Es ist schwierig, irgendwo komplett dazu zu gehören oder überhaupt jemanden finden, und ich möchte, dass es in der Zukunft für alle einfacher wird, als es für mich war und dass ihr euch eine Arbeit sucht und selbstständig seid. Außerdem hoffe ich, dass es keine Kämpfe gegeneinander in der Gesellschaft geben wird.

Auswertung der Interviews:

Inhaltlich fällt mir auf, dass meine Oma sehr bedacht darauf ist, dass jeder die Kraft und Möglichkeit hat, seine eigene Meinung zu vertreten, und dass es ihr sehr wichtig ist, dass wir alles dafür tun es später einmal besser und leichter zu haben, was ich sehr fürsorglich und nett finde.

Ich wollte meine Fragen und ihre Antworten sehr deutlich getrennt und übersichtlich haben und habe sie so großflächig aufgeteilt. Gleichzeitig wollte ich zeigen, wie interessiert ich war und das noch etwas verdeutlichen, da ich ihre Antworten wirklich lehrreich fand.
Die Fragen habe ich versucht einigermaßen logisch aufzureihen und sie irgendwie in einander übergehen zu lassen.

Ich weiß jetzt viel mehr über meine Oma, ihre Meinung und ihre Sicht auf verschiedene Aspekte. Ich will versuchen mir ihre Ratschläge zu Herze zu nehmen und mehr auf andere zu achten, gleichzeitig wie ich mir von anderen nichts sagen lasse, was meine Meinung angeht.

Nach diesem Interview, in dem einem mal klar wird, wie viel sich in so kurzer Zeit verändert, frage ich mich, wie es der nahen Zukunft aussehen wird. Wird genauso viel passieren? Werden wir genau solche Wünsche und Hoffnungen, wie oben beschrieben wurden, erfüllen können, oder kommt vielleicht das genaue Gegenteil? Keiner kann es sagen, man kann nur fragen und sich Unterschiedliches vorstellen und erhoffen.

Liebe ist eine Kunst Gottesdienst Am 25sten Ordinationsjubiläum Von Nikolaus Schneider und Wolfgang Wallrich

Glocke und Einzug

Musikstück: Sibelius „Andante Festiva“

Begrüßung und Themenansage .....Nickel und Wolfgang

1.Lied: Noch ehe die Sonne am Himmel stand..Musik ..Bettina

Psalm (im Wechsel Männer /Frauen)

Was wir bekennen.....Sören Asmus

Singkreis „ Herre förbarma Dig“

Wort der Erlösung und des Neubeginns....Keith Lumsdon

Alle: Jubilate Deo

Gebet in der Stille

Lesung...Elke Heyn und Ingrid Dyballa

2.Lied: Schönster Herr Jesu....Bettina Orgel

Von der „Kunst der Liebe“ und

Unserer Kirche ..also uns..also mir...Nickel, Wolfgang und Jürgen Th.

Dazwischen: 3.Lied: „Wenn das Brot, das wir teilen..“...Klavier..Jürgen Witt

Friedensgruß und Segnung..Wolfgang und Nickel

**Singkreis: „Jesu bleibet meine Freude“
„Wirf Dein Anliegen auf den Herrn“**

„ Irisches Segenslied“

4.Lied: Wir strecken uns nach Dir....Klavier Jürgen Witt

(Dabei wird die heutige Kollekte gesammelt)

Fürbitte..Einführung Fritz Bösken, Gebet Sabine Lang

Vater Unser..Fritz Bösken mit allen

5.Lied: As the deer..Keith am Klavier

Segen..Fritz Bösken

Singkreis und Gemeinde: Der Tag - mein Gott – ist nun vergangen..

Binsenweisheiten gelten – noch heute?

Gibt es einen eigenbestimmten Exodus von der Macht?
Die Eine Macht stand für nichts ein
nur für sich selbst –
Ein geknechtetes Volk in
Ägypten am „Nihil“ war machtlos
Doch „aus dem Schatten springende Frauen“
Doch „aus der Rolle springende Männer“
Doch „Brot des Lebens kauende Kinder“
gehen durch das Meer.

Gibt es ein Verweigern des Mitmachens noch heute?
Gibt es das Durchsetzen von Binsenweisheiten auch noch heute?
Gibt es ein „So kann`s nicht weitergehen“?
Gibt es noch die Kraft zum Aufstand mit lebendigem Wasser,
in dem Liebe Wahrheit und Gerechtigkeit die Strömung bestimmt?
Oder nehmen wir all die Plagen in Kauf so wie wir gekauft sind.

Wann beginnt weltweit der neue „Exodus“?
Der Exodus ins Recht aller Menschen
Der Exodus in Freundschaft zu Wasser und Erde und allem, was wächst
Der Exodus von Eigenliebe in die grundsätzliche Liebe

Der Exodus braucht ein Brot des Lebens für alle

2018

Dienstjubiläum eines Pastors

Nach all den langen Jahren
nach Frust und Heiterkeit
nach ungezählten Worten
nach Lesen Schriftenhorten
Wir sind noch nicht am Ziel
Trotz Predigt und viel Ehre
wir stehn ihm noch zuquere
dem Herren Christ

Nach all den langen Jahren
nach Lust und Bitterkeit
nach ungezählten Taten
Sitzungen weiten Fahrten
Wir sind nur auf dem Weg
Trotz Predigt und viel Ehre
wir ste`n ihm noch zuquere
dem Herren Christ

Nach all den langen Jahren
nach Stress und Freundlichkeit
nach unglaublichem Beten
behaupten - was vertreten
Wem sind wir auf der Spur
Trotz Nähe der Altäre
wir stehn ihm noch zuquere
dem Herren Christ

STEHT ALS LIEBE UND WAHRHAFTIGKEIT
IST DIE STIMME DER KINDER IN WICHTIGKEIT
HÄNGT FÜ`R FRIEDEN UND GERECHTIGKEIT
HOCH AM KREUZE IN UNSRER ZEIT

1996 zu meinem 20. Ordinationsjubiläum

Der Tod ist der unumkehrbare Verlust der für ein

Lebewesen typischen und wesentlichen Lebensfunktionen 24.6.2009 Rosental

1. Sterben und Tod als Themen öffentlichen Interesses

   a) Alte Zeiten – Überlebenszeiten/ Hungerzeiten/ keine ärztliche Kunst/ Klima
   b) Mittelalter – Pestzeiten/Kriege –Apokalyptische Reiter
   c) Heute: 1.Tabuzone – eine Art globaler Verdrängung – Abschirmung der Menschen vor einer Auseinandersetzung mit den Fragen nach den letzten Dingen.

2. Der Tod als tödlichste aller Sicherheiten des Menschen wird aus der Kommunikation und Reflexion ausgespart mit tiefen Auswirkungen auf unsere Lebensanschauung.
3. Der „angepasste Mensch" möchte aus möglichst „angepasst sterben"- schneller Herztod.
4. Ungleichgewicht hochmoderner Gesellschaft und Machbarkeit – Todesbilder aus Magie und Religionen. (Soziologe W.Fuchs)
5. (Epikur) „Tod aus Bewusstsein vertreiben: „Solange wir existieren, ist der Tod nicht da, und wenn er da ist, sind wir nicht mehr".
6. Sterben wir in unserer Gesellschaft nicht mehr erlebt, und zwar nicht nur, weil es an die dafür zuständigen Institutionen delegiert worden ist, sondern auch deshalb, weil entschieden weniger gestorben wird als vor hundert oder zweihundert Jahren.
7. Untersuchung: Berlin Dorotheenstadt – Sterbebuch 1719: Mitten im Leben vom Tod umgeben: Durchschnittssterbealter: 25,67 Jahre (Von 39251 zu Grabe getragenenen waren 12193 Säuglinge)
8. Heute bleibt – nach dem „Investieren in die Nachkommenschaft" ein Drittel der Lebenszeit ohne Kinder.
9. Die Zahl der Einpersonenhaushalte steigt : 1950: 19,4% - 1982: 31.3% -2008: 36 %
   Folge: Ein Todesfall in der Familie wird seltens direkt miterlebt
10. Sterben im Krankenhaus: 1900 : 10% - heute 77%

d) Der Zusammenbruch eines übergreifenden Sinnzusammenhanges

„..die Alltagswelten unserer Vorfahren räumlich zwar kleiner und zeitlich kürzer waren als die unsrigen und auch dem möglichen Lebensende näher, aber diese Begrenzungen bedeuteten für sie letzlich doch nicht die eigentlichen Grenzen und das Ende. Ihre Welten griffen räumlich und zeitlich weit darüber hinaus.

Sie akzeptierten Sterben und Tod zwar als naturgegeben, das verstellte ihnen aber nicht den Blick für das, was danach kam: die Fortsetzung im Jenseits.

Und diese Weltsicht hatte auch Raum für das eigene Sterben wie das Sterben anderer…(A.E.Imhoff)..Beispiel: Mozart.

d) Todesvorstellungen in Religionen und Philosophie
e) Sterben ein Teil des Lebens / Sterben ein sehr lebendiges Geschehen

Du grenzenloses Kind

Du grenzenloses Kind
Du schrankenloser Gott
Schenk mir ein Himmelsstück
Trag mich zu Dir zurück

Ach komm in meine Seele
Ach komm in meine Hand
Dass ich Dich spürend lebe
Und aufrecht gehen kann

1996

November im Nebel

November im Nebel ich bin so allein November 1991es ist als müsste ich den Weg alleine gehen
Auf dem Grabstein da steht
„Gott – das heißt – Ich werde sein“
Ob es so wird?
Ob es so wird?
Gott weiß es allein

November im Nebel
alles tut mir weh
es ist
als müsst ich mir ganz nahe sein
Auf dem Grabstein da steht
„Liebe ist stärker als der Tod“
Ob es so wird?
Ob es so wird?
Ich bin so in Not

November im Nebel
was kommt nach dem Tod
es ist
als lebte ich im bösen Traum
Auf dem Grabstein da steht
„Gott spricht : Ich mach alles neu“ Ob es so wird? Ob es so wird?
Ist denn Gott so treu

November im Nebel
wohin führt mein Weg
es ist als ob das Ende nahe wär
Auf dem Grabstein da steht
„Auferstanden ist der Herr“
Ob es so wird?
Ob es so wird?
Glauben fällt so schwer

Heutiges Babel

„Nach uns die Sintflut"

ruft man ungehört in der Stadt Babel

„Nach uns die Sintflut"

rief das Volk vor der Flut, und nach der Flut machen die Menschen

fröhlich weiter wie vor der Flut, und rufen erneut

„Nach uns die Sintflut".

Keiner hört das – sie hatten ja auch außer-sintflutliche Erfahrungen nicht ins Innere kommen lassen. Nach dem schlimmsten selbstverschuldeten Morden und Kriegen des Volkes und einer

Teilung des Landes und einer völlig demütigenden Zerstörung, nach Gefangenschaften und Wiederaufbau hatten Sie auch ihr „Nie wieder Krieg von Babelschen Boden aus"

und gar „Nie wieder bewaffnete Babeler" schon wenige Jahre später vergessen und wieder eine Babelsche Wiederbewaffnung geschaffen.

Der Wiederaufbau ging zügig voran – man empfand es später sprachlich als „Wirtschaftswunder".

Der gewaltige Aufschwung ging einher mit großer Sehnsucht nach Stabilität.

Von außen gesehen lebte das Land eine Art Demonstration von Selbstsicherheit und Autonomie.

Es ging bergauf im Land und immer bergauf.

Bei solchen Steigerungsraten kommt man schließlich drauf – unterschiedlich ausgedrückt –

religiös gesprochen:

„Lasst uns einen Berg auftragen und einen Turm auf den Berg bauen, der bis in die Wolken geht"

In der Stadt „Babel" – babylonisch übersetzt „die Pforte Gottes" - fingen sie an zu arbeiten: zuerst den Berg aufzuschütten, dann auf den Berg einen hohen Turm zu bauen.

„Und ganz oben wohnt unser Gott" sagten sie.

Sie bauten und zeigten dabei die enormen Fähigkeiten babelscher Baukunst – der Turm sollte ein Symbol der Machbarkeit werden, erdbebenfest – ein Symbol der beispielhaften Zusammenarbeit und Leistung eines Volkes – eine Betonung ihrer Lebensart und ihrer technischen und sprachlichen Kompetenz und auch ein Denkmal für die Fähigkeiten des menschlichen Fortschritts. Um diesen Turm sollten sich die babelschen Bürger tummeln.

Die Stadt Babel sollte dann „SERVApolis“ heißen, was so viel wie „Stadt der Wachehalter, der verweilenden Bewahrer“ heißt

Andere wollten sie „RESTApolis“ nennen, was etwa „Hartnäckig unter sich bleiben Stadt“ bedeutete. Die Männer hätten die neue Stadt gerne „SISTEpolis“ benannt, was bedeutet „Stehen bleiben- und Verharrenstadt“

Sie waren fast fertig mit dem Bau.

Das Mammutprojekt der menschlichen Selbsterhöhung war vom Himmel aus kaum zu sehen.

Gott musste schon selbst hernieder fahren, um mit einer Lupe zu sehen, was es genau darstellte.

Und Gott fuhr hernieder und schüttelte nur den Kopf.

Was für eine Anmaßung und törichte Arroganz der Menschen.

Was für eine Entfremdungsbestrebung, welch Größenwahn ? Welch teure Gigantomanie?

Und dass ist erst der Anfang, dachte Gott.

Sie sind doch zu allem fähig, die Menschenkinder.

2

„Wohlauf, lasst uns herniederfahren und ihre Sprache verwirren, dass keiner den anderen versteh“

Da fuhr Gott hernieder und verwirrte ihre Sprache.

Babel mag ja auf babylonisch „Pforte Gottes“ heißen, in Israels Ohren klingt es eher wie das Wort „Verwirrung“, in deutschen Ohren hört man eher „Babbeln- wie ein Kleinkind „lallen“ und „babbellen“.

Der Turm konnte nicht weitergebaut werde,

„Schad`drum“ sagt ein Steinklopfer zu einem Ziegelbrenner“

Der Ziegelbrenner gestikuliert hilflos mit seinen Armen: „Ich nix verstehen“.

Mit Eindeutigkeit und Uniformiertheit, die bis in den Himmel reichen soll, versuchen es die Menschen.

Statt Mehrdeutigkeit und Kommunikation gehen die Menschen ein imperiales

Vereinheitlichungsprojekt an.

Es scheitert mit Gottes Willen.

In der Bibel erschafft Gott Raum für die Vielfalt der Völker und Ihrer Sprachen und Ihrer Kulturen.

Die Vielfalt lässt mehrere „Lebens-Deutungen" zu –

Die Vielfalt weiß um unterschiedliche religiöse „Wahrnehmungsformen" und „Wahrnehmungsträger" –

Die Vielfalt sitzt eines Tages an einem Tisch – in der neuen Stadt Gottes.

Ein paar Ewigkeiten später sagte Gott zu einem Mann und seiner Frau „Geht aus Eurem Vaterlande, und ich will mit Euch sein".

„Geht und sucht die Stadt „MIGRApolis" – dort, wo Immerfort-

Wanderer und Deutungsnicht-Sesshafte leben –

wo einst ein Wanderprediger mit Händen und Füßen predigt

und mit allen Menschen gleich welcher Herkunft an einem Tisch sitzt.

Am großen Tisch für jedermann und jedefrau erkennt man

MIGRApolis – an der freien Kommunikation – an der Geduld des Zuhörens –

an einer Art Respekt vor dem und der anderen.

30.3.2011 Bonn

Undogmatisches Credo

Will nicht nur glauben, dass es Dich gibt
Fremder Gott
unbeweisbar Kraft der Welten
der Du das Sein erschufst mit Deinem Wort:
die Sonnen Monde Erden

Will nicht nur glauben, dass es Dich gabFremdes Kind
unbeweisbar Kraft der Welten
der Du die Menschen heilst mit Zärtlichkeit
mit Beten Händen Gaben

Will nicht nur glauben, dass es Dich gab
Weise Frau
unbesitzbar Geist der Welten
der Du die Luft erfüllst mit Liebesduft
mit Farben Tänzen Tönen

Will nicht nur glauben, dass es Euch gab
Trinität
gut vorstellbares Heil der Welt
die Ihr Gemeinschaft teilt an einem Tisch
bei Brot und Wein und Liedern

Will nicht nur glauben was ich liebe
Will auch leben was ich glaub
will nicht nur lieben will auch hören will auch tun

1998

Ich greife nach den Sternen

Ich greife nach den Sternen und einer ist für mich

will den Weg mir weisen der noch vor mir liegt
will die Angst mir nehmen
vor Glück und Traurigkeit
führt mich in den Himmel
Gottes Seligkeit

1990

Wächst ein Baum, glaubt man kaum

Wenn ein kleiner Feigling nur im Schatten steht und die Zeit vergeht
Wächst ein Baum, glaubt man kaum

Wenn ein kleiner Feigling keine Früchte zeigt, nur die Zeit vertreibt
Wächst ein Baum, glaubt man kaum

Wenn ein kleiner Feigling Blatt um Blatt verliert und die Zeit erfriert
Wächst ein Baum, glaubt man kaum

Wenn ein kleiner Feigling einfach stehen bleibt und die Zeit vertreibt
Wächst ein Baum, glaubt man kaum

Wenn ein kleiner Feigling heimlich Wurzel schlägt und die Zeit ihn trägt
Wächst ein Baum, glaubt man kaum

Wenn ein kleiner Feigling eine Stütze liebt, die ihm Zeit dann gibt
Wächst ein Baum, glaubt man kaum

Wenn ein kleiner Feigling süße Feigen kriegt, weil er so verliebt
Wächst ein Baum, glaubt man kaum

Wenn ein kleiner Feigling groß geworden ist, lädt er ein zum Fest
Jetzt als Baum, glaubt man kaum

Juni im Garten 1990

Sand im Getriebe

Die Liebe
die Liebe
ist Sand im Getriebe
Wo die Verliebten sind
entsteht ein Wirbelwind
Wo alles nur noch läuft
braucht Gott Dich
wie Sand
am Meer

1994

Im Reich des Zaren

Wie
Wäre
Es
Josef
hieße
Iwan
Maria

Der Sozialismus klappt nicht, sagst Du?

hieße Wie weit ist 2000 Jahre rechts Nataschadas Christentum gekommen ?

Der kleine Iwan
Wäre
in Wologda
geboren

Die Hirten
wären
durch den Stallgeruch
Sozialisten
geworden

Engel in Rot
verkündeten
endlich
Menschwerdung

Mittagsandacht zur Eröffnung: MIGRApolis-Haus der Vielfalt – Bonn

30.03.2011

„Nach uns die Sintflut“ ruft man ungehört in der Stadt Babel „Nach uns die Sintflut“ rief das Volk vor der Flut, und nach der Flut machen die Menschen fröhlich weiter wie vor der Flut, und rufen erneut „Nach uns die Sintflut“.

Keiner hört das – sie hatten ja auch außer-sintflutliche Erfahrungen nicht ins Innere kommen lassen. Nach dem schlimmsten selbstverschuldeten Morden und Kriegen des Volkes und einer

Teilung des Landes und einer völlig demütigenden Zerstörung, nach Gefangenschaften und Wiederaufbau hatten Sie auch ihr „Nie wieder Krieg von Babelschen Boden aus“

und gar „Nie wieder bewaffnete Babeler“ schon wenige Jahre später vergessen und wieder eine Babelsche Wiederbewaffnung geschaffen.

Der Wiederaufbau ging zügig voran – man empfand es später sprachlich als „Wirtschaftswunder“.

Der gewaltige Aufschwung ging einher mit großer Sehnsucht nach Stabilität.

Von außen gesehen lebte das Land eine Art Demonstration von Selbstsicherheit und Autonomie.

Es ging bergauf im Land und immer bergauf.

Bei solchen Steigerungsraten kommt man schließlich drauf – unterschiedlich ausgedrückt –

religiös gesprochen: „Lasst uns einen Berg auftragen und einen Turm auf den Berg bauen, der bis in die Wolken geht“

In der Stadt „Babel“ – babylonisch übersetzt „die Pforte Gottes“ - fingen sie an zu arbeiten: zuerst den Berg aufzuschütten, dann auf den Berg einen hohen Turm zu bauen.

„Und ganz oben wohnt unser Gott“ sagten sie.

Sie bauten und zeigten dabei die enormen Fähigkeiten babelscher Baukunst – der Turm sollte ein Symbol der Machbarkeit werden, erdbebenfest – ein Symbol der beispielhaften Zusammenarbeit und Leistung eines Volkes – eine Betonung ihrer Lebensart und ihrer technischen und sprachlichen Kompetenz und auch ein Denkmal für die Fähigkeiten des menschlichen Fortschritts. Um diesen Turm sollte sich die babelschen Bürger tummeln.

Die Stadt Babel sollte dann „SERVApolis“ heißen, was so viel wie „Stadt der Wachehalter, der verweilenden Bewahrer“ heißt

Andere wollten sie „RESTApolis“ nennen, was etwa „Hartnäckig unter sich bleiben Stadt“ bedeutete. Die Männer hätten die neue Stadt gerne „SISTEpolis“ benannt, was bedeutet „Stehen bleiben- und Verharrenstadt“

Sie waren fast fertig mit dem Bau.

Das Mammutprojekt der menschlichen Selbsterhöhung war vom Himmel aus kaum zu sehen.

Gott musste schon selbst hernieder fahren, um mit einer Lupe zu sehen, was es genau darstellte.

Und Gott fuhr hernieder und schüttelte nur den Kopf.

Was für eine Anmaßung und törichte Arroganz der Menschen.

Was für eine Entfremdungsbestrebung, welch Größenwahn ? Welch teure Gigantomanie?

Und dass ist erst der Anfang, dachte Gott.

Sie sind doch zu allem fähig, die Menschenkinder.

2

„Wohlauf, lasst uns herniederfahren und ihre Sprache verwirren, dass keiner den anderen versteh“

Da fuhr Gott hernieder und verwirrte ihre Sprache.

Babel mag ja auf babylonisch „Pforte Gottes“ heißen, in Israels Ohren klingt es eher wie das Wort „Verwirrung“, in deutschen Ohren hört man eher „Babbeln- wie ein Kleinkind „lallen“ und „babbellen“.

Der Turm konnte nicht weitergebaut werde, „Schad`drum“ sagt ein Steinklopfer zu einem Ziegelbrenner“

Der Ziegelbrenner gestikuliert hilflos mit seinen Armen: „Ich nix verstehen“.

Mit Eindeutigkeit und Uniformiertheit, die bis in den Himmel reichen soll, versuchen es die Menschen.

Statt Mehrdeutigkeit und Kommunikation gehen die Menschen ein imperiales

Vereinheitlichungsprojekt an.

Es scheitert mit Gottes Willen.

In der Bibel erschafft Gott Raum für die Vielfalt der Völker und Ihrer Sprachen und Ihrer Kulturen.

Die Vielfalt lässt mehrere „Lebens-Deutungen“ zu – Die Vielfalt weiß um unterschiedliche religiöse „Wahrnehmungsformen“ und „Wahrnehmungsträger“ – Die Vielfalt sitzt eines Tages an einem Tisch – in der neuen Stadt Gottes.

Ein paar Ewigkeiten später sagte Gott zu einem Mann und seiner Frau „Geht aus Eurem Vaterlande, und ich will mit Euch sein“.

„Geht und sucht die Stadt „MIGRApolis“ – dort, wo Immerfort - Wanderer und Deutungsnicht-Sesshafte leben – wo einst ein Wanderprediger mit Händen und Füßen predigt

und mit allen Menschen gleich welcher Herkunft an einem Tisch sitzt.

Am großen Tisch für jedermann und jedefrau erkennt man MIGRApolis – an der freien Kommunikation – an der Geduld des Zuhörens –

an einer Art Respekt vor dem und der anderen.

Gebet:

Wolfgang Wallrich

30.3.2011 Bonn

Aus dem Evangelium des Lukas 2,1-20

Es geschah in jenen Tagen: Es ging eine Verfügung von Seiten des Kaisers

Augustus, zu registrieren sei die ganze bewohnte Erde. Diese Registrierung

geschah als erste, während Statthalter über Syrien Quirinius war. Da gingen alle hin, sich registrieren zu lassen, ein jeder in seine Heimatstadt.

Hinauf zog auch Josef aus Galiläa, aus der Stadt Nazareth, nach Judäa, in die Stadt David, die Bethlehem heißt – deswegen weil er war aus dem hause und Vaterstamm Davids, sich registrieren zu lassen mit Maria, der mit ihm Verlobten, die war schwanger.

Da geschah es: bei ihrem Dortsein erfüllten sich dien Tages ihres Gebärens, und sie gebar ihren Sohn, den Erstgeborenen, und sie wickelte ihn und legte ihn in eine Krippe, weil kein Platz für sie war in der Unterkunft.

Auch Hirten waren in derselben Gegend, auf freiem Feld lagernd, Nachtwachen wachend bei ihrer Herde.

Und ein Engel des Herrn trat zu ihnen, und die Herrlichkeit des Herrn umstrahlte sie, und sie fürchteten sich, eine große Furcht. Doch es sagte ihnen der Engel: Fürchtet Euch nicht. Denn da! Eine Heilsbotschaft bringe ich euch, eine große Freude, die zuteil werden wird dem gesamten Volk:

Geboren ward euch heute ein Retter, der ist der Messias, der Herr, in der Stadt Davids. Und dies sei euch ein Zeichen: Ihr werdet ein Baby finden, gewickelt und liegend in einer Krippe. Und plötzlich ward da zusammen mit dem Engel eine Menge himmlischer Heerschar, die lobten Gott und sagten:

Herrlichkeit Gott in den Höhen

Und auf Erden Friede in Menschen des Wohlgefallens.

Und es geschah: wie fort gegangen waren von ihnen in den Himmel die Engel, sprachen die Hirten zueinander: Lasst uns doch gehen auf Bethlehem zu und lasst uns sehen die Botschaft, das Geschehen, das der Herr kundgetan hat.

Und sie gingen eilends und fanden Maria sowohl als auch Josef und das Baby, liegend in einer Krippe. Als sie es sahen, taten sie kund die Botschaft, die ihnen gesagt worden war über dieses Kind. Und alle, die es hörten, wunderten sich über das, was gesagt ward von den Hirten zu ihnen.

Maria aber – alles bewahrte sie, diese Botschaften zusammenfügend in ihrem Herzen.

Und es kehrten die Hirten zurück, verherrlichend und lobend Gott ob allem, was sie gehört und gesehen, wie es gesagt worden war zu ihnen.

Endlich Weihnachten!

Endlich beginnt wieder das Suchen nach einer Geschichte, die verloren ging.

Endlich wieder die Geschichte der Verlorenen, die wieder entdeckt werden.

Endlich wieder die Geschichte von Engeln, die Verlorenen nachgehen.

Endlich Erfüllung der Wünsche, dass es in unserem Leben Neues geben möge – in dem Sinne, dass wir selber in uns ein Stück weit neue Menschen werden – dass es in uns so etwas wie Entwicklung und Geschichte gibt.

Endlich wieder diese einfache Geschichte von Bethlehem, von Frau und Mann mit einem Kind, von Wohnungssuche und gefundenem Stall, von Windeln, von Hirten und Schafen, von Ochs und Esel als Heizung in kalter Nacht.

Endlich wieder das Erinnern, aus welchen einfachen Verhältnissen wir kommen.

Und endlich wieder die Möglichkeit für Dich und mich, selbst in „einfache Verhältnisse" zu kommen. Einfache Verhältnisse im Umgang zu Gott und uns selbst, zu Partnern, Kindern, Eltern und Verwandten, zu Kollegen, Nachbarn und Fremden, zu Tieren, zu unserem Wohnen und Verbrauchen, zu Wasser und Brot, zu unserem Bewegen und Reisen.

Es wird das Zentrum der Botschaft Jesu bilden, einen Menschen selbst unter den Hüllen von Staub und Erbärmlichkeit zu entdecken als ein Stück lauteres Golds, indem man selbst in den Formen des Irrtums noch Augen behält für das Verlangen nach Reifung:

In der Lüge die Angst vor der Wahrheit, in den Äußerungen von scheinbar groben Sadismus die Spuren verletzter Sensibilität und unter der Maske der Starrheit die ständige Sorge, sich selbst zu entgleiten.

Nie wird es Jesus uns erlauben, einen Menschen wie etwas Achtloses wegzuwerfen – sondern wer begreift, was das Kind aus Bethlehem uns zu sagen hat, der wird sich auf die Suche machen nach den Spuren von Sternenstaub und Gold im Herz und im Gesicht eines jeden Menschen.

Weihnachten schenkt uns die Ehrfurcht vor dem Leben eines jeden Menschen und vor der unaussprechlichen Schönheit seines Wesens.

Weihnachten ist das Wunder menschlicher Vergöttlichung und die Endeckung der Dankbarkeit für die Existenz des anderen.

1 Predigt am Sonntag „Laetare“ – 10.3.2013 – Lukaskirche Bonn

Wolfgang Wallrich (im Gottesdienst in den Ruhestand)

Johannesevangelium 6,47-51 mit Lesungen im Gottesdienst: 2.Mose 3,13-15 und Johannes 6,1-13

Liebe Gemeinde,

Vom „Ewigen“, von Gott, lässt sich nur in Bildern sprechen,

mit Worten, die zugleich enthüllen und verhüllen.

Wenn wir von Gott sprechen, kreisen wir um ein Geheimnis.

Wer ist Gott?

Es heißt: Mose hörte bei einem brennenden Dornbusch am Berg Horeb wie sein Name gerufen wurde:

„Mose! Mose! Führe mein Volk aus der Sklaverei im Ägyptenland in die Freiheit“ – ich bin der Herr Deiner Väter Abraham, Isaak und Jakob“.

„Herr – Gott“ darf ich etwas fragen? –

Wenn ich zu den Israeliten komme,

den Elenden in Ägypten, und sage:

„Der Gott Eurer Väter Abrahams, Isaaks und Jakobs sandte mich zu euch“ –

dann werden sie mich fragen:

„Wie ist sein Name?“ –

Was soll ich denn dann antworten?

„ICH BIN DER ICH BIN“

antwortete die Stimme aus dem brennenden Dornbusch -

„ICH WERDE SEIN DER ICH SEIN WERDE – ICH GEHE MIT EUCH“.

Sage Deinen Leuten: **„Ich bin“** sandte mich zu Euch.

„Mein Dasein ist da sein“ sandte mich zu Euch –

sag das Deinen Leuten.

Als Mose zurück zu seinem Volk den Horeb heruntersteig, summte er ein - und ausatmend, zum Erinnern vor sich hin:

Ich bin der ich bin

Ich war der ich war

Ich bin der ich bin

Ich bin für Euch da.

Dann begann bald der „Auszug aus der Sklaverei“

mit dem „Ich bin für Euch da“.

Und wer ist Jesus?

Das jüngste Evangelium Johannes – etwa 95-100 nach Christi Geburt geschrieben –kann von Jesus auch nur in Bildern sprechen.

Vom Sohn des „Ich bin“ erzählen ist wie beim Vater eben

auch um ein Geheimnis kreisen.

Sieben Bilder, sieben Ikonen malt Johannes als Selbstoffenbarungen Jesu –

Ungewöhnliche Selbstoffenbarungen – weisen doch sonst die großen religiösen Gestalten nie auf sich selbst:

2

Ich bin

das BROT des Lebens

das LICHT der Welt

der gute HIRTE

die AUFERSTEHUNG und das LEBEN

der WEG, die WAHRHEIT und das Leben

die TÜR für die Schafe

der WEINSTOCK

Elementare Bedürfnisse des Menschen werden personifiziert beim Namen genannt und lebendig.

„Brot“ und „Wein“ sind das erste und das letzte Bild.

Liebe Freundinnen und Freunde,

Vor dem „Ich bin das Brot“ gibt es skeptische Begleitung
von Außenstehenden:
„Was tust Du für ein Zeichen – was tust Du für ein Werk,
damit wir sehen und an Dich glauben“,
so fragen die Skeptiker in Johannes 6,
so fragen ihn kritische Leute,
ein paar Verse vor unserem Predigttext.
Es lohnt sich immer, die Gegner Jesu ernst zu nehmen –
damals wie heute.
„Was tust Du für Werke, Kirche? Gemeinde? PfarrerIn?
Presbyterium? MitarbeiterIn? Gemeindemitglied? Beter?
Welche Zeichen setzt Ihr?
Hoffentlich gibt es in Zukunft wenigstens solche „Kritiker“
innerhalb und außerhalb der Kirche und nicht die fortschreitende Zahl
der vielen „Wegbleiber“, die jegliches Interesse an Kirche verloren haben.
„Ich bin, was ich tue“ das, so zeigt Jesus,
ist der Weg heraus aus dem „in der Welt gefangen sein“,
ein Heraustreten aus dem Gefängnis der Trivialität.
Gegen das in der Welt gefangen sein –
gegen das „Es bringt alles nichts“ –
gegen die „Ungerechtigkeit im Broterwerb“
ist Jesu Brotwunder ein wunderbares „coming out“,
schreibt die Mystikerin Simone Weil (1909-1943)
und schreibt „ wann geling es uns denn,
Freiheit und Notwendigkeit zu versöhnen,
Schwerkraft und Gnade ins Lot zu bringen?“.

3

Liebe Gemeinde,

ein Brotwunder und ein Weinwunder –

oh wären wir doch dabei gewesen, gerade heute.

Beide unglaublichen Wunder beginnen bei Johannes

mit einem eigenartigen Anfang –

einem Vorschlag, der zunächst allen Beteiligten

als scheinbar sinn - und witzlos erscheinen muss.

„Sinnlos a":

Als bei der Hochzeit in Kana der Wein ausgegangen war und Mutter Maria schon tuschelte: „Was machen wir jetzt – sie haben keinen Wein mehr",

sagt Jesus zu seinen Jüngern:

„Füllt die sechs riesigen Wasserkrüge"

(die zu Reinigungzwecken an den Eingangs - Türen standen) – heute würde man sagen:

„Füllt 6 Badewannen mit Wasser".

Als die auf Geheiß gefüllt waren - befiehlt er:

„Und nun schöpft aus den Wannen

und bringt es dem Speisemeister zu probieren".

Der Speisemeister will erst nichts davon wissen, lässt sich dann überreden,

duftet dann am Wanneninhalt und atmet tief, kostet, lässt auf der Zunge zergehen, leckt sich die Lippen und murmelt:

„Warum bringt ihr jetzt, wo schon so viele betrunken sind,

den besten allerfeinsten Wein"

und der Gourmet kostet noch einmal genüsslich aus allen 6 Badewannen:

„Hmm, trockener Qualitäts – Saarwein feinherb –

ich würde sagen: „Wiltinger Scharzberg" –

„Hmm, Jahrgang 27".

Oder

„Sinnlos b“:

Nach einem großen langen Gottesdienst am Ufer des Sees von Tiberias,

haben die von überall angereisten rund 5000 – 7000 Frauen, Kinder und Männer richtig Hunger – das sieht jeder.

Als die Geldbörsen von den Jüngern und von Jesus „Ebbe“ anzeigten –

also nicht zum Essen gekauft werden konnte,

findet der Jünger Andreas ein Kind in der Menge,

das 5 kleine Brote und 2 Fische bei sich hat

und freundlich anbietet und entgegenstreckt..

„Kinderei - damit brauchen wir gar nicht erst anfangen –

das gibt ein Heidentheater“, murmelt Andreas, „die werden uns lynchen“.

Jesus geht zu dem Kind

und nimmt dankend die 5 kleinen Brote und 2 Fische entgegen:

„Danke für Deine Brote und Fische, die sind sehr wichtig“.

4

Jesus nimmt die Brote, spricht ein Dankgebet,

und gibt Brote und Fische rechts und links

an neben ihm stehende Menschen:

“ Esst Euch satt, Leute, und bitte immer Brot weitergeben“.

Und was passiert?

Nach Stunden liegt die Riesengemeinde satt und schlafend im Gras.

Die Jünger laufen durch die große Open – Air - Wiesen - Kirche

und sammeln die Reste von Brot auf.

Sie sammeln 12 große Körbe mit Brotresten ein,

alles übrig geblieben und duftend wie frisches Brot.

„Gegenwärtiger“ als da, wo Hungernde satt werden,

ist Jesus im Abendmahl auch nicht.

„Wunder“ geschehen, Ihr Lieben!

Vielleicht auch bei uns in der Kirche?

Vielleicht beginnen Wunder mit verrückten, sinnlos erscheinenden Anfängen?

...ein *ambulantes Jahr* zum Beispiel.....

das wäre ein tägliches Wandern durch die Gemeinde a la „Jesus ambulantus“, der immer „Auf dem Wege“ ist und nicht stationär erreichbar ist:

Der den heilt, den er auf dem Wege sieht – JüngerInnen findet im Nichtvorbeigehen – selbst die vor Enttäuschung über den Schwiegersohn Petrus

Krank gewordene Schwiegermutter quasi auf dem Weg heilt durch ein erklärendes Gespräch – der die Kranken findet, weil er sie besucht und so fort und fort.

..ein ***ambulantes Jahr*** zum Beispiel

mit Gesprächen auf der Strasse, mit Besuchen von Mitgliedern, mit sich sehen lassen in Läden, an Trinkhallen, mit Betreten der Altenheime

und Krankenhäuser, mit Gottesdiensten in nicht kirchlichen Räumen ..der Post, der Stadtbücherei..im Stadthaus...im Rathaus...im Jobbcenter...und keine Strasse im Stadtteil wird ausgelassen........und was einem alles verrücktes einfällt....wen Du da alles siehst...wer Dir da alles begegnet...was Du da alles gewahr wirst....

dafür fallen alle so wichtigen Sitzungen in der Gemeinde ein Jahr lang aus .... (Tag zusammen Rheinhausen)

...*Gemeinschaften des Teilens* aufbauen....

...*eine offene Kirche mit täglich Brot und Wein auf dem Altar.....*

Wir sind, was wir tun!

„Ich bin der Weinstock“ behauptet Jesus…nachdem er die Lebensfreude und die selige Ausgelassenheit bei der Riesenhochzeit in Kana gerettet hatte.

„Ich bin das Brot“ behauptet Jesus…nachdem er mehrere Tausend Menschen gesättigt hat.

5

Zuerst geschieht etwas draußen,

dann kommen die großen Worte.

Eine gute Meßlatte für kirchliches Tun und Reden, auch für das Gebet.

Ihr Lieben,

BROT steht ja für mehr als nur Nahrung – Brot ist das, was jeder Mensch zum

täglichen Leben braucht:

Auskommen

Nahrung

Wohnung

Arbeit

Verdienst von dem eine Familie leben kann

Bildung

Integration

Inklusion

Heimatsprache sprechen dürfen

„Brot und Rosen“ sangen wir im Arbeitskampf mit den Krupparbeitern

und ihren Familien zur brutalen Werkschließung.

„Brot und Rosen“ ist das Lied der 14000 Textilarbeiterinnen

in Lawrence / USA , die gegen die Hungerlöhne und die Kinderarbeit protestierend ansingen.

Es entstand 1912 und ist zur Hymne der internationalen Frauenbewegung geworden – es ist aktuell wie nie zuvor.

Brot, das uns Not tut, sind Menschen, die gerade stehen,

die unkäuflich sind, die unbestechlich und frei sind.

Denn die Erde hat genug für jederfraus und jedermanns und jedeskinds Not – aber nicht für jedermanns Gier.

Ich bin Euer täglich Brot, spricht der,

der sich selber gibt und verteilen und zermalmen lässt

bis zum Festnageln auf sein Wort.

Ihr Lieben.

Zweimal hörtet Ihr, Ihr bin..

„Ich bin, der ich bin“ für Gott.

„Ich bin das Brot“ für Jesus.

Das dritte **„Ich bin..“** soll die Folge und die Botschaft sein:

Jeder Mensch dieser Erde soll sagen dürfen

und an Lebensverhältnissen spüren:

„Ich bin ein Mensch – ein Geschöpf Gottes“

„Ich bin ein geliebtes Wesen“

„Ich bin kein Abfallprodukt des kapitalen Marktes

oder des Faschismus oder des ungerechten Handels oder

6

der Rassenpolitik

„Ich bin kein Spielball der Politik“

„Ich bin kein Vergessener und kein Vergessener“ in Heimen, Krankenhäusern, Pflegestationen.

„Ich bin nicht als Verlierer geboren, Mensch chancenlos….

Wenn wir dieses „Ich bin“ in uns tragen dürfen und es – wie Jesus –

zu anderen Menschen durch unsere Worte,

unser Handeln und unsere Politik,

durch unser Gebet und mit unserer aktiven Solidarität

weiter tragen ist es

als hätten wir das „ewige Leben“ schon in uns.

Ein Gedicht von Wilhelm Willms:

„Da kam einer

Eines Tages

Der glaubte an mich

Und ich begann zu glauben

Er gab mir ein Stück frisches Brot

Und er sagte:

Nimm und iss – das bin Ich

Ich kann Euch sagen:

Endlich war etwas dahinter“

Und zum Schluss, Ihr Lieben, ganz persönlich:

Meinen Taufspruch

haben meine Eltern am 7.März 1948 fast prophetisch ausgesucht:

„Sehet und schmecket wie freundlich der Herr ist“ –

Sie ahnten, was dahinter steckt.

Ich bin von vielen begleitet worden, die liebevoll

und kritisch hinter standen:

Von meiner Frau und den Kindern –

und von Euch, Ihr Lieben.

Ich danke Euch für Eure Geduld mit mir.

Ich bin so dankbar für Eure jahrelange freundschaftliche Begleitung –

da war etwas dahinter!

Und in Jesu Namen „Laetare“ - „Freue Dich“

Amen

(Zwischen Teilen der Predigt singt die Auerberger Kantorei / Leitung Thomas Neuhoff „Ich bin das Brot, lade Euch ein..)

Der Mann auf dem Esel

Als er kam dawar er da war die Güte selbst
neues Leben tat er kund

Als er kam
gab er sich preis
war die Güte selbst
seine Nähe macht gesund

Bettelkönig Jesus
Gotteskind und Narr
Comanero Christo
Komm und sei uns nah

Wir preisen Deine Herrlichkeit
Wir preisen Dich in Ewigkeit

1996

***„Suche der Stadt Bestes", in die man Euch geführt hat – Jeremia 29 –* Andacht – Kreissynode Kkr Bonn zu „Citykirchenarbeit" – 6.6.2009 Wolfgang Wallrich**

1.

Das Christentum ist nicht an eine bestimmte Gemeindeform gebunden. Die Geschichte der

ntl. Erzählungen „spielt“ zuerst in Dörfern, auf dem Land, an Seen.Am Palmsonntag zieht Jesus in die Stadt ein, von der Ruhe des Landes in die schnelllebige Hektik der Stadt.

Das Christentum begann in der Antike als eine ausgesprochen urbane Religion – es entwickelte sich und gewann Anhänger entlang der Städte an den Handelswegen im römischen Weltreich. Paulus schreibt seine Briefe an Städte und besucht sie. Er setzt „unten“ an, in der Arbeit des Proletariats.

Der „Paganus“, der „auf dem Land lebende“ wurde im kirchlichen Sprachgebrauch „der Nichtglaubende, der „Heide“.

Im 11.-12.Jahrhundert begann die große Zeit der Städte im nördlichen Europa mit dem „Hanse-Städtebund“. – Die Reformation war zunächst eine Fürsten- und Städtereformation.

Erst im späten Mittelalter kam das Urbild der Parochie auf: das Dorf, wo ein Pastor (Hirte) und seine Gemeinde (Herde) zusammenlebten. Aus Dorf wurde „Bezirk“, aus Pastor wurden Pastor und hauptamt. MitarbeiterInnen in verschiedenen Bereichen, die sich um die BewohnerInnen im Bezirk kümmern und die Bezirksgrenzen kennen, denn hinter der Gemeindegrenze beginnt eine andere Gemeinde. Heute rechnet man, dass „gut gerechnet“ bis 15 % der Mitglieder einer Gemeinde „erreicht“ werden.

60% der Bevölkerung leben heute in Großstädten und deren Ballungsgebieten.Für die relativ unbewohnte City stehen Begriffe wie Pluralisierung und Säkularisierung. Sie ist– juristisch seit alters her – ein Ort möglicher Freiheit und Befreiung aus Abhängigkeiten, die im vorurbanen Leben unaufhebbar schienen.

Harvey Cox „The secular City“, im Deutschen mit dem auffällig missverständlichen Titel „Stadt ohne Gott“, interpretiert den für die Großstadt typischen Prozeß der Säkularisierung theologisch positiv als „Realisierung des Evangeliums“. Eine Vorhut, Verkünderin und Archtektin der Stadt auf dem Weg zum guten hoffnungsvollen und menschenfreundlichen Entwurf ihrer Selbst, zur Stadt Gottes und der Menschen, könnte und sollte – so der Cox der 6oer Jahre – die Kirche sein. 1984 schreibt Cox „Religion in the secular city“ und thematisiert ausdrücklich die Rückkehr der Religion in die Stadt. Die Kirche von England hat viele seiner Gedanken aufgenommen. (siehe später).

2.

Ich will Ihnen heute vom vergessenen **Johannes Bugenhagen** erzählen (Geb. 1485 Wollin/Pomm.– Gest. 1558 Wittenberg), einem der Weggefährten Luthers, dem großen

Reformator Norddeutschlands, Dänemark, Norwegens, Südschwedens. (1523 Pfarrer der Stadtkirche Wittenberg, danach Stadtpfarrer in Braunschweig und Hamburg – Bugenhagen traute Luther mit Kath. von Bora, taufte die Kinder und hielt Luthers Traueransprache). Bugenhagen, den vielfachen Schulengründer 1526, will ich den ersten „Citykirchenpfarrer" nennen- zumindest schrieb er ein Stück erste **„Theologie der Großstadt".**

In seine Zeit gab es 3 „Mächte" in der Stadt: die politische Macht (das Rathaus), die ökonomische Macht (der Markt) und die geistliche Macht (Die Kirche) – alle in der „Innenstadt", wohin alle Wege führten.

Bugenhagen erarbeitete für die Städte und Hansestädte **Stadt-Kirchenordnungen**, die z.T. bis heute in den Städteordnungen verankert sind als „reformatorisches Ethos". In ihnen steht, **welche Verantwortung eine Stadt für seine Bürger trägt**, wozu es geradezu eine Stadt überhaupt gibt:

Bildung	**Liturgie**	**Armenpflege**
Kultur		**Heilung - Schutz**
Schulen		**Gerechtigkeit**

Für Bugenhagen sind die **Kirchen in der Stadt:**

- **Stadträume, in denen die Geschichte der Stadt kritisch bewahrt wird und die Idee einer gerechten Stadtgesellschaft ihre Heimat hat.........Erinnerung an Träume und Erinnerung an Opfer... Geschichten und Bilder von der Würde des Menschen...Stadträume der öffentlichen und strukturellen Liebe....**
- **Regenerationsräume**
- **Symbole des Bleibenden in den Veränderungen der Welt.....**
- **Verborgene Schatzkammern, die symbolische Welten bergen....**
- **Inszenierungsorte vom besseren Leben..**
- **Ein öffentlicher Ort des Gewissens mit großer Erinnerungskultur...**
- **Gegenräume zu den Verkaufsstrategien in den Einkaufspassagen und Konsumtempeln....**
- **Orte der voraussetzungslosen öffentlichen Liebe und nicht der Gewinnstrategie**
- **Traditionen und heilige Texte, die Menschen davor bewahren, in der puren Gegenwart zu ertrinken.**

Was wären das für Aufgaben der Kirche in der Stadt heute?!

3.

Was meint nun Bugenhagen mit **„Liturgie" als Aufgabe der Kirche in der Stadt**, neben Bildung und Kultur - neben Armenpflege, Heilung und Schutz und Gerechtigkeit:

Die Kirche bietet sowohl für den Tagesablauf (Läuten, Stundengebete, Tagesandachten u.a.), die Woche, das Jahr und den Lebenszyklus, Strukturierungshilfen als geistlich-symbolische Deutungen und Gestaltungshilfen an. Religion kommt in die Stadt als „heilsame Unterbrechung".

Kirche bietet Räume für die Seele, einen Ort für „verlorene Wörter".

Das **Kyrie und Gloria** will B. vom Privatkult und, heute würde ich sagen, vom Kult in Reservaten, in die Öffentlichkeit , zum öffentlichen Kultus, holen.

Kyrie und Gloria sind für B. „Eckpole" des Glaubens, **das öffentliche Klagen und Danken** –

und zugleich Kündigung gegen alle Herrschaftsansprüche. Das Gegenteil von „weißen römischen Rauch" ist im Protestantismus Bugenhagens: Bei und mit den Menschen sein.

Öffentliches Klagen und Anklagen und öffentliches Danken in offenen Kirchen ist das Anliegen Bugenhagens: Die Offenheit Gottes ernst nehmen wie er sie „offen für alle" in Jesus Christus gezeigt hat. In der DDR waren die Kirchen Ende der 8oer Jahre als „offen für alle" eine Provokation für eine geschlossene Gesellschaft.

Am **Taufbecken „Das ist meine liebes Kind**" wird öffentlich gemacht, wem die Menschen „gehören", nicht dem Staat und nicht den Herren des Militärs und der Parteien.

Am **Altar** wird öffentlich: Es gibt etwas größeres als Ich-Mensch – als Wir Menschen **Da ist der, der Himmel und Erde gemacht hat.**

Von der Kanzel werden „geliehene Worte" verteilt und ausgesprochen. Geschichten von der Rettung des Lebens.

In der **Eucharistie** feiern wir die Wandlung als Erlebnis und nicht selbst geschaffene **Möglichkeit, dass wir gewandelt werden können**.

Im **Segen** können Menschen den **Blick einer Güte** ahnen, den wir uns selbst nicht geben können. Hier schaut uns ein anderer an als wir selbst.

Bugenhagen könnte uns bei Entscheidungen zu einer Citykirchenarbeit helfen.

Wie sagen es die englischen Citykirchen:

„What shall we do with the churches without people or what shall we do with the people?

Amen

Literatur: Wolfgang Grünberg " Die Sprache der Stadt" und "Kyrie und Gloria – die öffentliche Bedeutung der Kirchen im zusammenwachsenden Europa" – H.W.:Dannowski „Citykirchen" – Michael Burke „ Urban life and face" – B.Neumann „Kirchenpädagogik" – „Der ehrbaren Stadt Hamburg christliche Ordnung. 1529" Hans Wenn – Fulbert Steffensky „Das Haus, das die Träume verwaltet"

„Der Mensch wird sichtbar“

Unsichtbar

im Menschenstrom

die Benutzten und die niemanden nutzen die Verbrauchten

die nicht gebrauchten die nicht erwünschten

die missbrauchten und die am falschen Ende

der Welt geborenen die Flüchtenden

und die Geopferten des Terrors und der

Weltwirtschaft die Hungernden

und die minutenpünktlich errechneten

sterbenden Kinder

Oh Heiland reiß den Himmel auf

Unsichtbar

im Menschenstrom

die alleinigen einsamen die mit der alltäglichen

Verzweiflung dem nicht Herauskommen

aus der Situation die mit dem Knacks

der alles veränderte die ewig Arbeit suchenden

bis das lange Warten einen zu allem unfähig macht

die seelisch Verletzten das gekränkte und übersehene oder

geschlagene Kind in uns

Oh Heiland reiß den Himmel auf

Unsichtbar

im Menschenstrom

im Totalitärem sowieso wie das organisierte Totale zeigt
im freiem Globalen genauso wie das organisierte
Weltwirtschaft zeigt: es benötigt als Ansprechpartner
das Individuum ohne jede Beziehung
den unsichtbar machenden und unsichtbar gemachten
homo oeconomicus jenes geschäfts- und
genussfähige Einzelwesen ohne Interesse
an den Tretminen die sein Autohersteller produziert
ohne Interesse am Wasser das seine Enkelkinder benutzen werden
unsichtbar machendes grenzenlos konsum-
und verbrauchsfähige wesen dass kauft und auswählt
präsentiert und genießt das ohne Beziehung am
Geschwistergeschöpf an Kind und Kindeskindern
an Vorräten und am Zukünftigen
weiterrast vor dem Altar der religiösen Inszenierungen
des Kultmarketing auf den apokalyptischen Untergang hin
Oh Heiland reiß den Himmel auf
Ein Riss
unterbricht den Menschenstrom wie wenn das Netz der Gewalt zerreißt
reißt einen Spalt auf nicht groß die Ahnung einer Veränderung
reißt ein es wird sichtbar eine Frau, ein Mann, ein Kind und zwei große Hände
umfassende und schützende bergende Hände ein heilsamer Riss
unterbricht den Menschenstrom der Mensch wird sichtbar Menschwerdung
als würde ein Schleier weggezogen der Herzenskälte der Einsamkeit
des Erfrierens zärtlicher Worte der Beraubung wärmender Güte

der Herzenserfrierung der Angst ein heilsamer Riss
der Anteilnahme und Mitwirkung und Partizipation verspricht

Ein Riss
legt einen Blick der Güte auf die Menschenmasse
und macht den Menschen sichtbar als würde er nun
mit anderen Augen gesehen als hätte das Wunder
menschlicher Vergöttlichung begonnen
und Frau Mann und Kind wären erst der Anfang
des Blickes der Güte der Anfang der absoluten Ehrfurcht
vor dem Leben eines jeden Menschen der absoluten Ehrfurcht
vor der unaussprechlichen Schönheit der Schöpfung
als fände eine Entdeckung statt die Entdeckung der Dankbarkeit
für die Existenz des anderen
Ein Riss
unterbricht den Menschenstrom wie wenn nun alle Unsichtbaren
sichtbar würden und angesehen als zögen und flüchteten alle
in den Blick der Güte der Frau und des Mannes und des Kindes
als würde eine dem Leben geweihte Nacht beginnen
eine Weihnacht der Anfang neuen Lebens
Als begänne ein betendes Stammeln auf das Kind zu
„Wenn Du mich ansiehst werd` ich schön schön wie das Riedgras unterm Tau“
(Gabriele Mistral, Chile)
Wenn Du mir zuhörst werd` ich weise
Wenn Du mich ansprichst werd` ich „Ich“
Wenn Du mich anrührst werd` ich heil
Wenn Du mich bei meinem Namen rufst werd` ich Mensch

Wenn Du mich ansiehst werd` ich ein angesehenes Wesen.

das Glück des Bedürfens macht Runde macht Risse

dieses Kind wird Menschen sichtbar machen nimmt die trostlose Trivialität

lehrt die Fähigkeit Schönheit wahrzunehmen zeigt uns die Kunst der Wahrnehmung

die es mit Wahrheit zu tun hat

„Senk lange deinen Blick auf mich.

Umhüll mich zärtlich durch dein Wort“

(Gabriela Mistral, Chile)

Es ist Weihnacht geworden Endlich nicht in eigene Wärme hüllen

nicht uns selbst genügen nicht unsere Schönheit in uns selbst suchen

ich sage mich aus ich überliefe mich dem Blick der Güte

Ich Du Er Sie Es Wir Ihr Sie alle angesehene Menschen in Beziehung

O Heiland reiß den Himmel auf

2017

Kleine Taufpredigt …… auch für Große

„Geleit“ „Begleitung“
„Von wem“

Kurzpredigt „Unter Palmen“
oder
„Auf einen grünen Zweig kommen“

Leib und Seele

Dein Leib sei umsorgt
und zärtlich berührt
Dein Geist sei geübt
und viel gefragt

Deine Seele geh frei
durch Freud und Leid
Gottes Zeit sei Deine Zeit

1998

Johannes 21.1-4 Ostern 2011

Liebe Leute,

darf ich Sie heute zu einer realen Traumreise mitnehmen?

Im Traum fahre ich mit Ihnen zum ***See Genezareth,***

Galiläisches Meer oder ***See Tiberias*** genannt.

Sein schönster Name ist jedoch „***Kinneret***", nach seiner harfenähnlichen Form.

„Ein wahres Paradies" sagen die Reiseträumer – 21 km lang und 12 km breit – ein riesiges tiefblaues Trinkwasserreservoir.

Im Altertum war die Umgebung des Sees ein einziger Fruchtgarten: Nussbäume, Palmen, Feigen- und Ölbäume und vielerlei Trauben wuchsen blühten und trugen Frucht – 10 Monate im Jahr ohne Unterbrechung.

In ***Bethsaida***, östlich der Einmündung des Jordans in den See, war das Zentrum der Fischerei. Hier muss Jesus Simon Petrus, Andreas, Philippas, Nathanael, Johannes und Jakobus und 2 Söhne eines gewissen Fischereibetriebbesitzers Zebedäus zu seinen Jüngern gemacht haben.

Der berühmteste Fisch ist der „***Tilapia galiläa***" – heute heißt er „Petrus – Fisch".

Im Traum bin ich auf dem Berg bei ***Tabgha*** gestanden, dem „Berg der Seligpreisungen"..ich höre…"Wohl denen, die vor Gott arm sind, denn ihnen gehört das Himmelreich" und „Selig sind die

Die Fülle, die Natur und der See, finden ihren Ausdruck in der heutigen Kirche „***Heptapegon***", der Kirche am Platz der Speisung für 5000 Menschen aus 5 Broten und 2 Fischen, wobei nach Sattheit aller, 12 Körbe Brote ja kaum Rest, sondern nicht endende Nahrung waren:

der Armen Hirsebrei im Märchen des lieben Gottes.

Im Johannesevangelium wird dieser Sinn herausgestellt: Jesus wird zum „Brot des Lebens".

Der See liegt ruhig da im Allgemeinen, doch können plötzlich auftretende Fallwinde das Wasser aufwühlen und die Fischer mit ihren Booten überfluten.

Hier stillt Jesus den Sturm mit „Sei still" –

hier wandelt Jesus auf dem Wasser,

und Petrus, der Nachahmer, sinkt.

Im Traum sehe ich vom Boot aus die ehemals große Stadt ***Magdala*** – römisch hieß sie später „Tirachäa", was „Salzfischlein" bedeutete.

Ich sehe eine zauberhafte Frau am Ufer – Maria aus Magdala, die Geliebte von Jesus.

Die Frau, die treu an Jesu Grab blieb.

Die Frau, deren Liebe größer war als der Tod.

Diese verheimlichte liebende Frau.

Maria Magdalena winkt.

Der Wind trägt den Duft ihres Leibes übers Wasser zu mir.

Ich erwache.

Ich bin schweißgebadet.

Ich habe Angst.

Es ist Nacht am See.

Morgen werde ich die Jünger bei ihrem alltäglichen Tun antreffen.

Das Charisma des Außeralltäglichen, das ihnen in Jesus begegnet war, hatte sich durch das desaströse Ende der Jesusbewegung als zu schwach, ja trügerisch erwiesen.

2

Die Alltäglichkeit ist eine erfolglose, eine lange, nicht endende Nacht voller Bemühen und ohne Ertrag.

Wie lange solche Zeiten in unserem Leben währen mögen, wissen wir nie vorher. ....und oft braucht es schon eine sehr lange Zeit, ehe wir überhaupt merken, wie leer unsere Netze sind. Noch länger dauert es, bis wir es zugeben.

Würde man uns fragen, warum wir das alles tun, so müssten wir mit den Jüngern sagen:

„Wir sitzen halt mit im gleichen Boot – wir machen auch mit. Irgendein Petrus, irgendein Nikolaus hat uns gesagt, er tue es so – und so sind wir mit dabei. Frag uns nicht, warum.

Was Nacht und See ist, ist in der Sprache der Bibel unmissverständlich.

Es ist, dass wir weder Aussicht haben noch Zukunft.

Selten hat der Wind zusätzlich so viel Düsteres über den See geweht. Strahlen tödlicher Art,

Waffengeräusche aus allen Richtungen

Es ist, dass in diesem Lebensgefühl alles wie dunkel ist und die Erde unter uns und rings um uns wie ein Abgrund.

Wie leer und wenig substanzhaltig ist diese Art zu existieren.

Spätestens wenn es zu dämmern beginnt, in der Art eines neuen Sonnenaufgangs, müssen wir Bilanz machen.

Es ist, wie wenn wir vom anderen Ufer her gefragt würden: „Was habt Ihr mitgebracht?"

„Wie sieht die ernte Eurer Arbeit aus?"

Wir sind gefragt, als einzelne und als Gemeinschaft der Christen.

Und alles geht mir durch den müden Kopf herum.

Ich sehe die Jünger in ihren Booten auf dem See Genezareth.

Der Rabbi war nun ein paar Tage tot.

Sie waren weggelaufen.

Sie waren relativ schnell wieder in der Alltäglichkeit angekommen.

Lange hatte der österliche Schwung nicht angehalten.

Die Frage „Was ist geblieben vom neuen Lebensentwurf ihres Rabbis" war ihnen peinlich,

sie vermieden die Frage.

„Wir gehen wieder fischen – was sollen wir sonst tun", sagten sie es sich in ihrem Durcheinander und begannen erste Schritte im Gewöhnen an die Resignation – im Gewöhnen an tief sitzende Enttäuschungen – im Gewöhnen an ein Leben mit ihren Erinnerungen, die nicht lange tragen.

Das Gewöhnen an die Resignation ist das Schlimmste, was es gibt… dachte Andreas.

Das Gewöhnen an das sich Abgefunden haben mit der Nichtveränderung und Zukunftslosigkeit ist das Ende…….dachte Jakobus.

Das Gewöhnen an eine gewisse tiefsitzende Mutlosigkeit

Ich träume wieder,

Reminiszenzen, Assoziationen, Momente durchlaufen ein Ganzes.

Ich bin mit auf dem Schiff der Jünger des Morgengrauens.

Die ganze Nacht haben sie nichts gefangen.

Am Morgen sehen die Jünger jemanden am Ufer stehen.

Sie erkennen nicht, dass es Jesus ist.

Der ruft ihnen zu: „Habt Ihr etwas zu essen?“.

„Keinen einzigen Fisch“, rufen sie zurück.

3

Da fordert er sie auf: „Werft euer Netz auf der rechten Seite des Bootes aus und Ihr werdet etwas fangen.“

Deutend mit Drewermann höre ich den Fremden sagen:

„Versucht Euer Leben bewusst zu begreifen.
Rechts ist die Seite, die uns vom Verstand her, vom bewussten Erleben, vom Wortgebrauch her zugänglich ist, entsprechend den Nervenbahnen unseres Gehirns.“

Zur rechten Seite das Netz auswerfen bedeutet, all die Dinge, die waren noch einmal durchzugehen, sie sich klar zu machen und das Leben in die Hand zu nehmen, nicht mehr weil irgendwelche anderen so tun und vormachen, sondern aus innerer Überzeugung, beauftragt vom anderen Ufer.

Das machen sie und staunen.

Die Netze sind so voller Fische, dass sie diese gar nicht in die Boote einholen können.

Jetzt begreift Johannes und ruft: „Es ist Jesus“.

Wie Simon Petrus das hört,

hält es ihn nichts mehr im Boot.

Er springt ins Wasser, um schnell zu Jesus zu kommen.

Auf dem Wasser gehen, kann er ja nicht.

Man hat uns Christen und jeder Form von Religion oft vorgeworfen,

sie stellten eine Art von Weltflucht dar.

Das ist nicht wahr.

Aber die Welt ist ohne das Wissen vom anderen Ufer ein Abgrund, der uns in die Tiefe saugt.

Die anderen Jünger ziehen das Netz mit den Fischen hinter sich her.

Das Netzt ist voll, aber es reißt nicht.

Am Ufer sehen sie schon ein Kohlenfeuer brennen, und darauf Fisch und Brot liegen.

Der Wein steht eh bereit.

Jesus sagt „Kommt und isst".

Er verteilt das Brot und den Fisch.

Keiner fragt: „Wer bisst Du"?

Sie wussten, dass es der Herr war.

Und der Herr wusch ihnen nicht den Kopf.

Kein warum habt ihr ..und wieso seid ihr?

Eine überraschende, außergewöhnliche Situation war entstanden.

Sie hatten getan, was der Unbekannte ihnen gesagt hatte, und in dem Augenblick ereignet sich der lichte Augenblick der Liebe.

Aus dem Unbekannten wird für den liebenden Johannes der Bekannte.

Johannes sagt zu Petrus: „Es ist der Herr".

Der ist längst wieder fort – jedenfalls nicht sichtbar.

Wie lange wir die Hoffnung halten und die neue Zuversicht. 3 Tage? 6 Tage?

Mal – unter uns – nicht länger als 7 Tage.

Deshalb reicht uns jede Woche der Mann

vom anderen Ufer „Brot und Wein" und sagt „Ich bei euch".

Ich erwache.

Ich kaue.

Eine der tiefsten und der paradoxesten Wahrheiten des Lebens besteht darin, dass man am glücklichsten ist durch das, was man nicht selbst erfindet, sondern vorfindet.

4

Das war kein irrealer Traum.

Welch heilsame Wiederholung.

Wiederholte Wiederholungen, noch einmal anfangen, noch einmal weiter, glücklicher.

Immer wieder zum See Genezareth gehen, der See der glücklichen Wiederholungen,

und sich auf den Heiland einzulassen.

Petrus mit den anderen muss wieder fischen.

Der Fischzug des Petrus wiederholt sich.

Das Netz reißt nicht.

Geschichten von glücklicher Wiederholung sind die Erscheinungen des Auferstandenen in den österlichen „Nachgeschichten“ der Evangelien.

Ich reibe mir die Augen.

Welche Erinnerung nach vorn!

Ein Glaube mit Erinnerung nach vorn?

Eine Kirche mit Erinnerung nach vorn?

„Es ist der Herr“ – ich werde es mir und Dir in meinen und deinen Vergeblichkeiten sagen.

„Es ist der Herr“ – wenn ich auf sein Wort hin das Netz auf der bewussten Seite auswerfe.

Auferstehung geschieht im Alltag mit Blick auf das andere Ufer.

Guter Gott, verborgener Gott,

Du Gott, der Du Dich in allem enthüllst, was Du geschaffen hast,

Du Gott, den die ganze geschaffene Welt nicht fasst,

Du Gott der überlaufenden Liebe,

Du Gott, der in Jesus Christus Mensch geworden ist, überlaufende Liebe in Jesus Christus.

Begegne uns an unseren Ufern des Lebens.

Amen

Wolfgang Wallrich

Bonn – Ostern 2011

Wenn Dich Deine Kinder fragen

Wenn Dich Deine Kinder fragen
Wer Du bist, woher Du kommst
Dann sollst Du nichts Lautes sagen
Sondern musst ganz stille sein
Fängst behutsam an zu singen
Was denn Dein Geheimnis ist
Hörst dann Deine Seele singen
Sprichst mit Händen und Gesicht

„Ich bin ein Ebenbild des unsichtbaren Gottes!
Gott schuf den Menschen als Frau und auch als Mann.
Ich bin vom Himmel auf die Erde gekommen,
damit ich mit Dir leben kann." „ Von Gottes Kind lern ich zu lieben und zu handeln
und die Furcht vor der Liebe zu verliern.
Und meine Schuld`en lege ich in Jesu Hände,
damit ich auch das Verzeihen lern"

1991

Heimweh

Wenn meine Seele
Heimweh hat
geht sie zu Dir nach Haus
und wenn mein Leib zur Ruh sich legt
ruht er bei Dir sich aus

Und wenn mein Durst
zur Tränke geht
bist Du für mich der Trank

Wenn meine Liebe
Deine sucht
ist sie vor Liebe krank

1991

Wenn wir teilen

Wenn wir teilen
Wenn wir teilen
Wenn wir trösten und verzeih´n
Dann wohnt Gott in unserer Stadt
Und wir können den Himmel schau‘n

Sind wir Schwestern
Sind wir Brüder
Menschen die auf Wahrheit bau`n
Dann wohnt Gott in unserer Stadt
Und wir können den Himmel schau´n

Haben alle Tiere Rechte
Alle Pflanzen Schutz und Raum
Dann wohnt Gott in unserer Stadt
und wir können den Himmel schau`n

1989

Sinn

5 Sinne braucht der Mensch um einen Sinn zu finden
Riechen
Tasten
Schmecken und Hörn
und Fühlen und Sehen

1984

Advent - Geh nur, Du wirst erwartet

Einst standen Hirten auf dem Feld –
verhangen war die kleine Welt:
Stolpern, fallen, aufstehen. Hat denn das Wandern einen Sinn? Hat unser Weg ein End, ein Zie

Am Horizont wurd`s hell…

Einst zogen weisen durch die Welt.
Wer weiß den Weg zum Himmelszelt:
Gehen, irren, gehen. Lernt den die Menschheit niemals aus?
Gibt es für Menschen ein Zuhaus?
Am Horizont wurd`s hell..

Einst ging ein Liebenspaar geschwind, um Platz zu suchen für ein Kind:
Tür zu , kein Platz, Tür zu.
Wo ist für Kinder heut noch Raum?
Sind Zukunftsträume nur noch Schaum?
Am Horizont wurds hell…

Einst saßen Alte vor der Stadt –
gebrechlich – einsam – lebenssatt:
Wiege – Bahre – Grab.
Sind wir nur Hauch von Ewigkeit?
Enden wir all in Tod und Leid? Am Horizont wurds hell…

Ein erstes Licht ! Erster Advent !
Der Weg ist frei ! Fürchte Dich nicht !
Geh nur –
Du wirst erwartet
Geh nur-
Du wirst erwartet

1989

Himmelsrichtungen

Kalter Norden

Roter Osten

Tiefer Süden

Weiße Westen

2020

Auf dem Wege

Auf dem Wege
Ziel im Blick
Umwege nutzen
dem Erkennen

Herz und Hand
suchen guten Grund
unsichtbar leitet
den sie einst Weg nannten

2017

Davidstern

Ein heller Stern geht uns voran bei Rahel, Josef fing das an
Auch Ruth und David liefen ihm nach
bis er einst über Bethlehems Dach

Seitdem leuchtet der Davidstern
Spürt: Gott hat seine Schöpfung gern
Bleibt doch mit Josefs Träumen wach
und folgt der alten Sehnsucht nach

Davidstern
Gottes Schein
leuchte in mein Herz hinein
Ich häng mein Mäntelchen in dein Licht
Ich hör Gott sagen „Fürchte Dich nicht“

Der helle Stern steht überall
nicht nur am Himmel und im All
Er steht im scheuen Menschenblick
er strahlt aus Hungrigen zurück

Er leuchtet in der Dunkelheit
da werden Friedenswege breit
Verfolgten will er sein ein Licht
die satten Reichen sehn ihn nicht

Davidstern Gottes Schein
leuchte in mein Herz hinein
Ich häng mein Mäntelchen in dein Licht
Ich hör Gott sagen „Fürchte Dich nicht!“

Weihnachten 1989

Am Jahresende 2004 - zum Jahresbeginn 2005 in St.Gertrud Stockholm

"Pray for us" -"Betet für uns", schreibt uns am 30.Dezember Robinson Butarbar, Mitarbeiter der VEM, der Evang. Vereinigten Mission, aus Sri Lanka.

Die VEM ist langjähriger deutscher Partner der Kirchen in Sri Lanka.
Jetzt ist die VEM eine der vielen europäischen Hilfsaktionen.
Robinson schreibt über den Aufbau von tausenden von Notunterkünften.
Dringlichste Aufgabe sei es, die obdachlos gewordenen Menschen unterzubringen
und sie mit Medizin und sauberem Trinkwasser zu versorgen.
Die Kirchen in Sri Lanka begehen den 31.12. und 1.1.2oo5 als
nationalen Trauer- und Gebetstag.
Zehntausende von Menschen werden heute u nd morgen betrauert.

"Pray for us" "Betet für uns",
schreiben sie uns.
Wenn ich den Fernseher oder das Radio einschalte, habe ich Angst vor neuen Zahlen.
Die Opfer der Flutwelle in Südasien steigen und steigen -
die Obdachlosigkeit ist so groß als wenn alle Berliner, Hamburger,
Münchener und Stockholmer obdachlos wären - ja fast alle Schweden.
"Terroranschlag der Natur" sagen Journalisten. Die Bilder zeigen bisher Unvorstellbares.

Ach Gott...beten
Wut und Verzweiflung höre ich fragen:
Warum bauten die Hotelies so dicht am Meer..um gut zu verdienen
Sicherungen wurden ausgespart..um Kunden zu locken..um gut zu verdienen.
Es geht immer um den momentanen Gewinn.
Billig fliegen und weit reisen..der Dollar steht tief...Reisen bis ans Ende der Welt.
Sharehoulder - Value - Fans sehen nur auf ihr Konto und nicht auf den Markt,
obwohl ihr Geld vom Markt kommt.
Der Markt ..das sind Menschen unsrer einen Welt.
Die Ärmsten der Armen hat es getroffen.

Ach Gott..beten
Wut und Verzweiflung höre ich fragen: "Und wo ist Gott ?"
"Wie kann Gott das zulassen ?"
Vom Glockenturm spielt es automatisch: "Nun danket alle Gott" -
das Glockenspiel hat starke Sprünge bekommen.
Gott, von dem wir doch gerade Weihnachten gehört haben,
wie gut er den Menschen will.
"Dem Schöpfer aller Ding" so sangen wir
und erleben zugleich zerstörungen ganzer Regionen,
Tod und Elend in einem unvorstellbaren Ausmass.
Nach 2 Weltkriegen hatte eine ganze Generation das naive Vertrauen in
Gott als den Vater, den Schöpfer, den Regenten und Erhalter verloren.
Unschuldiges Gottvertrauen war unmöglich geworden.

"Pray for us" "Betet für uns",

bitten sie aus Sri Lanka.
Zu diesen Tagen zwischen den Jahren gehört für viele Christen ein Gedicht
von Dietrich Bonhoeffer, dem evang.Pfarrer und Märtyrer des Widerstandes im Dritten Reich.
Der hatte zur Jahreswende 1944 geschrieben:"Von guten Mächten wunderbar geborgen".
Selbst in der Todeszelle und im angesicht des schrecklichen sterbens in Europa,
fühlte sich Bonhoeffer vom guten Gott geborgen.
Seine Welt war damals nicht wniger erschütter als die Welt in dieser Woche.
Nur - damals war das Morden von Menschen gemacht, die bösen Mächte ließen
sich beim namen nennen.
Aber jetzt diese Katastrophe ? - Das Beben ist nicht von Menschen gemacht.

"Betet für uns"
Ist es ein Wunder, dass wir uns da an Gott selbst wenden,
nach ihm fragen, an ihm zweifeln, verzweifeln.
Wir sind nicht die ersten, die Gott die Schrecken der Flut klagen:

"Herr Gott" heißt es im 88.Psalm
"du bedrängst mich mit allen deinen Fluten.
Ich schrei zu Dir und
du verbiergst dein Antlitz vor mir".
Damals und heute gibt es keine antwort auf die Frage:
Warum dieses unschuldige Leiden ?
Das ist nicht auszuhalten.
Aber mit dem Beter dieses Psalm habe ich eine Ahnung:
Gott sieht nicht einfach zu.
Gott kann nicht einfach zusehen. Das wäre nicht zu fassen,
wenn es Gott nicht das Herz zu schnüre,
wenn wir Kinder und Frauen und Männer jeden Alters da liegen sehen -
Kleinkinder, die ohne Eltern sind -
Eltern, die um ihre Kinder weinen.
Gott müssen doch die Tränen kommen !

Eindrücklich kommt mir in Erinnerung
wie Jakob in den Fluten des Jabbok mit einem Fremden ringt,
mit einem Gespenst - mit einem der raubt und mordet - mit einem Angreifer - mit der Gefahr.
Die rabbinischen Kommentare nennen das Fremde: Zauberer, Bandit - andere sagen: Engel.
Jakobs Kampf ist der Kampf mit einem zwischen Dämon und Gott.
"ich lasse Dich nicht, du segnest mich denn".

jeder von uns kämpft mit Gott
lass uns dazu stehen
auch wenn wir geschlagen werden
und verrenkt
jede von uns kämpft um Gott
der darauf wartet gebraucht zu werden
auf uns wartet ein Kampf

Es ist als würde Beten und Kämpfen zusammengehören.
Als müssten wir mit dem dunklen Gott um das Leben ringen.
Als wäre Beten mehr ein Ringen.

Und es spricht alles dafür,
dass wir mit Gott gegen Gott kämpfen müssen, dass er sichtbar werde.

"Pray for us" - "Betet für uns",
schreiben sie.
Unsere St.Gertruds -Kirche wurde in dieser Woche ein Bethaus.
Viele Menschen fanden sich täglich ein. Zum Hoffen und Beten -
zum Stille-sein vor der Ohnmacht unseres Menschseins.
Aller Allmachtswahn ist erschütternd in die Schranken gewiesen.

Und ein **"Neues beten"** kam hinzu:
Finanzielle Gaben über die Lutherhilfe und andere Hilfsorganisationen
wurden für die Menschen in Südasien gesammelt -
Tausende von Ehrenamtlichen in Feuerwehren, Hilfsdiensten sind unterwegs, irgendwie zu helfen.
Einige Hundert überlebende Touristen bleiben in den Ländern
und helfen den Einheimischen bei Aufräumarbeiten.
Durch die Strassen Deutschland und Schwedens laufen Freiwillige und sammeln Spenden.
Friseure schneiden Haare und die Bezahlung geht in die Sammeldose.
Bäcker backen ohne Lohn "Brot für die Welt" - der Verkaufserlös geht in die Welt.
Auf das sinnlose Verballern von Silvesterraketen verzichten viele und spenden Millionen.
Es wächst das Gespür: wir Menschen leben alle zusammen auf einer Welt !
Wir leben auf einer dünnen Erdschicht.
Wir rücken enger zusammen.

"Pray for us"
"betet für uns"
bitten sie.
Heute halten wir Abendmahl.
Jesus Christus lädt uns ein.
Jesus Christus, der uns die Macht machtloser Liebe zeigte.
Diese Liebe in Machtlosigkeit brauchen wir wie frisches Trinkwasser.
Am Tisch von Jesus sind wir dann zusammen mit all den Opfern -
Wir sind dann zusammen mit all den Verletzten, Wohnungslosen und Besitzlosen.

Wir hören dann Jesus sagen:
"Ich aber habe für dich gebeten , dass dein Glaube nicht aufhöre" (Lukas 22:32).

Jesus, höre Du nicht auf, für uns zu beten.
"Pray for us"
"Bete für uns".

Amen

Wolfgang Wallrich 31.12.2004 in St.gertrud Stockholm

Alles Ding hat seine Zeit

Alles Ding hat seine Zeit
Gottes Zeit heißt Ewigkeit
In jedem Augenblick

Gegen die Hast und den Frust
Für das Leben und die Lust
Gegen den Zeitgeist Teufelszeit
Hält Gott seine Zeit bereit

Geboren werden – sterben
Vergehen und das Werden
das Weinen und das Lachen
das Ruhen und das Machen

Alles Ding hat seine Zeit
Gottes Zeit heißt Ewigkeit
In jedem Augenblick

Gegen den Strom und den Tod
Für die Hoffnung und die Not
Gegen die Unzeit Teufelszeit
Hält Gott seine Zeit bereit

Alles Ding hat seine Zeit
Gottes Zeit heißt Ewigkeit
In jedem Augenblick

Geliebt zu werden…hassen
Das Tuen und das Lassen
Das Tanzen und das Klagen
Das Schweigen und das Sagen

Alles Ding hat seine Zeit
Gotteszeit heißt Ewigkeit
In jedem Augenblick

1992

Der Teufel ist los

Der Teufel ist los
Der Teufel ist los
losgebunden
ungebunden
unverbindlich
locker
leicht

Jesus ist fest
Jesus ist fest
festgebunden
und
verbindlich
festgenagelt
auf sein Wort

1991

Erlebnisreiche – Lebendige Ostpartnerschaft
Bericht eines Besuches in unseren Partnergemeinden Treplin und Altzeschdorf

Seit Ende der 1960er Jahre hat unsere FK-Gemeinde zwei Partnergemeinden im Oderbruch. Nahe der polnischen Grenze in der Nähe von Frankfurt/Oder die Ortschaften liegen Treplin und Altzeschdorf in dörfliche Gegend mit Wald und Feld, Oderlandschaften, Reihern und Störchen, Rotwild und Füchsen - vor allem aber liebevollen Menschen. Die Partnerschaft, die zunächst am Anfang mit Paketaktionen /etwa 50 Pakete an Familien im Advent / begann – mit finanziellen Hilfen bei Aufbauarbeiten der kriegszerstörten Kirchen weiterging – dann zu regelmäßigenReisen in den Osten führte – dazu kamen auch Treffen von Männer, Frauen und Jugendlichen in Ostberlin – diese Partnerschaft und Freundschaft hat nach der Wende 1989 nicht aufgehört: Treffen und gemeinsame Wandertouren und Wochenendtagungen der Frauenkreise und Männerkreise - dazu gemeinsame Freizeiten, Jugendfreizeiten mit Pfarrer >Wallrich in Schweden gemeinsam mit Jugendlichen aus dem Osten – Ostbesuch mit Stand beim Mühlenfest –Männerhandwerkerkreis-Stand auf Trepliner Weihnachtsmarkt. Jetzt endlich fuhr wieder eine kleine Gruppe unserer Gemeinde in den Osten – quasi von der Westgrenze unseres Landes bis an die Ostgrenze, an die Oder – zur „Auffrischung“ der Partnerschaft. Und wie erfrischende und fröhliche 3 Tage waren im Auftrag des Presbyteriums Jutta Pöschel (seit den 70er Jahren in der Partnerschaftsarbeit), Kurt Unger (oftmals auf dem Weihnachtsmarkt in Treblin mit Holzwaren des Bergheimer Handwerkerkreis und intensiver Kontakthalter nach Treplin), erstmals Regina Augustin (Pfarrfrau aus Bergheim) und Wolfgang Wallrich (Pfarrer i.R., der 1977 zum ersten Mal als Bergheimer Pastor in Oderbruch war und nie den Kontakt verlor) im Oderbruch. Die privaten Unterbringungen bei Familien in Treplin brachten viele Gespräche über die Zukunft der Gemeinden in Ost und West und vor allem auch Stärkung privater Bindungen und Freundschaften.
Beide Ortschaften haben sich in den nun über 25 Jahre nach der Wende verändert. „Die Jugend“ hat die beiden Dörfer nahe der Grenze verlassen – es gibt zu wenigArbeitsplätze. Auf der anderen Seite zeugen etliche Neubauten in den Orten von vielen Neuzugegogenen aus Frankfurt/Oder. Die kirchliche Situation ist auch 27 Jahre nach der Wende nicht einfach. In Treplin(390 Einwohner) sind nur alle paar Wochen Gottesdienste – der diensthabende Pfarrer Althausen hat 10 Dörfer zu betreuen. In Altzechdorf –Hohenjesar (500 Einwohner) ist die Situation nicht anders – betreut wird die Gemeinde von Pfarrer Müller aus Mallnow. Gemeinsame Gottesdienste – gehalten von Pfarrer Wallrich - wurden in Treplin und Altzeschdorf gefeiert. In Altzeschdorf haben sich übrigens die wenigen Katholiken und Protestanten geeinigt – einmal im Monat zusammen Gottesdienst zu feiern. In der kleinen Kapelle neben der Kirchenruine in Altzeschdorf/Hohenjesar waren dann 30 Menschen im Gottesdienst. Die Gastgeber aus Treblin und die Gäste machen einen wunderschönen gemeinsamen Ausflug ins Schlaubetal, eine wald- und blaubeerenreiche Region. Alle Besucher und Gastgeber kamen dreimal im Saal der Gastwirschaft in Treplinzusammmen. Gute Gespräche und viel Lachen und Gespräche zur Partnerschaftszukunft haben unsere Verbindung gestärkt. Wir haben den 3 Gastgeberfamilien von Herzen gedankt für die verwöhnende Gastgeberschaft. Bei der Abreise gab es Tränen – im Kofferraum unseres Gemeindebusses waren Pflanzen aus

Treblin untergebracht und jede Menge Hühnereier für Rheinhausen - Die nun fast Partnerschaft 50jährige Ost-West-Partnerschaft soll weitergehen – wir können viel voneinander lernen. Das Presbyterium der Friedenskirchengemeinde hat im Frühjahr hat Pfarrer i.R. zum Beauftragten für die der Ost-West-Partnerschaft ernannt. Im Herbst gehen Männer aus den Partnerschaften gemeinsam in Thüringen Wandern. Es geht weiter… Wer Lust hat, an dieser Partnerschaft ist herzlich eingeladen. Bitte melden!

Wolfgang Wallrichwolfgang.wallrich@gmx.de

Advent / Weihnanchten 2013 Im Migrapolis – Haus der Vielfalt Bonn

✸ **Gemeinsame weihnachtliche Lesung im Wechsel aus dem Propheten Jesaja 9,1-6 und 11,1-2+5-6**

Alle: Das Volk, das im Finstern wandelt, sieht ein großes Licht, und über denen, die da wohnen im finstern Lande, scheint es hell.

Frauen: Du weckst lauten Jubel –

Männer: Du machst groß die Freude.

Frauen: Denn Du hast das drückende Joch zerbrochen.

Männer: Jeder Stiefel, der mit Gedröhn daher geht. und jeder Mantel, durch Blut geschleift,

wird verbrannt und ins Feuer geworfen.

Frauen: Denn uns ist ein Kind geboren, ein Sohn ist uns gegeben,

Männer: Und die Herrschaft ruht auf seiner Schulter.

Frauen: Und er heißt Wunder-Rat,

Männer: Gott-Held,

Frauen: Ewig-Vater,

Männer: Friede-Fürst;

Frauen: auf dass seine Herrschaft groß werde und des Friedens kein Ende,

Männer: dass er es stärke und stütze durch Recht und Gerechtigkeit von nun an bis in Ewigkeit.

Alle: Und es wird ein Reis hervorgehen aus dem Stamm Isais und ein Zweig aus seiner Wurzel Frucht bringen.

Männer: Auf ihm wird ruhen der Geist des Herrn –

Frauen: der Geist der Wahrheit und des Verstandes –

Männer: der Geist des Rates und der Stärke –

Frauen: der Geist der Erkenntnis und der Furcht des Herrn.

Alle: Gerechtigkeit wird der Gurt seiner Lenden sein.

Die Wölfe wohnen bei den Lämmern-Die Panther bei den Böcken-

Ein kleiner Junge hütet Löwen und Kühe zusammen-Löwen essen Stroh-

Babys spielen mit wilden Schlangen-

Einer: und das Land ist voller Erkenntnis der Gerechtigkeit des Herrn.

Alle: Amen

✷Weihnachtsgeschichte

✦ Liedvers

- **Fürbitte – Vater Unser**
- **Segen**

✦ Lied

- **Herzlich willkommen**

✦ Musik zum Still-Werden

- **Wahrnehmung**

✦ Lied :

✷ Gemeinsame weihnachtliche

✦ Lied

Euch allen „Frohe Weihnacht“!

Endlich Weihnachten!

Endlich beginnt wieder das Suchen nach einer Geschichte, die verloren ging.

Endlich wieder die Geschichte der Verlorenen, die wieder entdeckt werden.

Endlich wieder die Geschichte von Engeln, die Verlorenen nachgehen.

Endlich Erfüllung der Wünsche, dass es in unserem Leben Neues geben möge –

in dem Sinne, dass wir selber in uns ein Stück weit neue Menschen werden –

dass es in uns so etwas wie Entwicklung und Geschichte gibt.

Endlich wieder diese einfache Geschichte von Bethlehem, von Frau und Mann

mit einem Kind, von Wohnungssuche und gefundenem Stall, von Windeln, von Hirten und Schafen, von Ochs und Esel als Heizung in kalter Nacht.

Endlich wieder das Erinnern, aus welchen einfachen Verhältnissen wir kommen.

Und endlich wieder die Möglichkeit für Dich und mich, selbst in „einfache Verhältnisse" zu kommen. Einfache Verhältnisse im Umgang zu Gott und uns selbst, zu Partnern, Kindern, Eltern und Verwandten, zu Kollegen, Nachbarn und Fremden, zu Tieren, zu unserem Wohnen und Verbrauchen, zu Wasser und Brot, zu unserem Bewegen und Reisen.

Es wird das Zentrum der Botschaft Jesu bilden, einen Menschen selbst unter den Hüllen von Staub und Erbärmlichkeit zu entdecken als ein Stück lauteres Golds, indem man selbst in den Formen des Irrtums noch Augen behält für das Verlangen nach Reifung:

In der Lüge die Angst vor der Wahrheit, in den Äußerungen von scheinbar groben Sadismus die Spuren verletzter Sensibilität und unter der Maske der Starrheit die ständige Sorge, sich selbst zu entgleiten.

Nie wird es Jesus uns erlauben, einen Menschen wie etwas Achtloses wegzuwerfen – sondern wer begreift, was das Kind aus Bethlehem uns zu sagen hat, der wird sich auf die Suche machen nach den Spuren von Sternenstaub und Gold im Herz und im Gesicht eines jeden Menschen.

Weihnachten schenkt uns die Ehrfurcht vor dem Leben eines jeden Menschen und vor der unaussprechlichen Schönheit seines Wesens.

Weihnachten ist das Wunder menschlicher Vergöttlichung und die Endeckung der Dankbarkeit für die Existenz des anderen.

„ ..und wenn sie nichts erleben….so sterben sie noch heute!
nach Matthäus 19,16

Es war einmal ein Mann,
der hatte 7 Söhne.
Und die 7 Söhne sagten: Vater erzähl uns eine Geschichte.
Da fing der Vater an:

Es war einmal ein Mann,
der hatte 7 Söhne.
Und die 7 Söhne sagten: Vater, erzähl uns eine Geschichte.
Da fing der Vater an:

Es war einmal ein Mann,
der hatte 7 Söhne und alle gut versorgt.
Er hatte großes Eigentum und was dazu gehört.
Ja er hatte alles,
was er sich denken konnte.
Und die 7 Söhne sagten: Vater, erzähl uns eine Geschichte!
Da fing der Vater an:

Es war einmal ein Mann, der hatte nichts zu erzählen
außer aufzuzählen, was er alles hatte
Der hatte 7 Söhne, der „Herr Alleshabe und Söhne“.
Der kannte alles,
wusste alles,
hatte alles.
Sogar am Magen hatte er`s.

Und die 7 Söhne sagten: Vater, erzähl uns eine Geschichte!
Da fing der Vater an:
Es war einmal ein Mann..

Da hatte es einer der 7 Söhne satt: „Ist Alleshaben Leben Vater?“ –
„Du hast ja gar nichts zu erzählen“ –
„Du hast Dich ja wie zugemauert in deiner Habewelt“

„Psalm 23 als Antipart und Gesang gegen die Trivialisierung des Lebens“

mit C.S.Lewis /1898-1963/ „Surprised my joy“

und Simone Weil /1909-1943/ „Das Unglück und die Gottesliebe“

und besonders Dorothee Sölle /1929-2003/ „Mystik und Widerstand“

und „Wider den Luxus der Hoffnungslosigkeit“ und Martin Buber

sowie Kurt Marti/ „Die Psalmen“ und diverser AT-Literatur

•

Die 150 Psalmen im „Buch der Gesänge“ des ersten Testamentes sind in einer uns heutigen zwangsläufig fernen und deshalb fremden Welt und Kultur entstanden.

Sie entstammen wohl aus verschiedenen Psalm – Sammlungen, deren Ursprünge bis in die Anfangszeit von Israels Ansässigkeit in Kanaan und bis in die nach- exilische Zeit zurückgehen.

Die Psalmen hatten ihren festen Ort im Gottesdienst Israels.

Die 150 Psalmen sind kein durchgehend gleichförmiges Gut. Sie haben ***Loblieder***, ***Vertrauenslieder*** und ***Klagelieder*** und ***Weisheitslieder*** und andere Sammlungen in sich.

Voller Respekt können wir uns dieser althebräischen Theopoesie – Gottesdichtung nur annähern –

sie hebt nicht ins Übersinnliche ab, sondern ist voller erfahrbarer Diesseitigkeit.

Die Psalmen lassen sich nicht von anderen Religionen vereinnahmen

und laufen Gefahr gefälscht zu werden z.B.

mit ungenierten Jenseitshypothesen.

Unsere christliche Identität entsteht immer erst in einem unablässigen Dialog und bildet sich in Auseinandersetzungen mit anderen Religionen heraus.

Gehen wir also in diese wunderbare Theopoesie mit Psalm 23 – einem Gesang gegen die Trivialisierung des Lebens

Psalm 23 (The New English Bible/Oxford 1970)

1 The LORD is my shepherd;

I shall want nothing.

2 He makes me lie down in green pastures, and leads me beside the waters of peace.

3) He renews life within me, and for his name`s guides me

in the right path.

4) Even though I walk through a valley dark as death I fear no evil, for thou art with me,

thy staff and thy crook are my comfort.

5) Thou spreadest a table for me in the sight of my enemies; thou hast richly bathed my head with oil and my cup runs over.

6) Goodness and love unfailing, these will follow me all the days of my life, and I shall dwell in the house of the LORD my whole long life.

Es war kein Idyll oder doch?

Hirten suchen das Verlorene – immer wieder das verlorene Schaf.

Hirten gehen liebevoll nach.

Hirten gelten als Sänger der Liebe.

Hirten flöten den Schafen zu wie Corelli und Manfredini versuchten

Hirten wissen etwas von Besitz und Besitzlosigkeit.

Hirten sehen den Himmel und berührten die Erde.

Hirten halten sich aus Gefahren und Strapazen nicht heraus.

Hirten suchen immer wieder neue Weideplätze für ihre Schafe.

Hirten schützen ihre Tiere mit eisenbeschlagenem Stock vor Überfällen räuberischer Menschen und Tiere.

Hirten kennen Wege durch dunkle und gefahrvolle Täler und Schluchten.

Hirten wissen um Weideplätze und immer wieder neue Lebensmöglichkeiten.

Hirten leben mit ihrer Herde in einer Lebens-Weg- und Schicksalsgemeinschaft

Hirten sind „Wanderführer“ mit eigenem Risiko

Hirten leben wie die ihnen Anbefohlenen.

Hirten und Schafe leben in einer innerlichen, nicht äußerlichen Gemeinschaft.

Hirten kennen ihre Schafe.

Hirten sorgen sich um alle Schafe, auch um die Wege des einzelnen Schafes.

Hirten können sagen: „Ich bin was ich tue.“

•

Die Anmut und Innigkeit der Bilder haben den Psalm 23 unsterblich gemacht:

Jahwe ist kein Privatgott – seine Fürsorge gilt allen und er kümmert sich um die Wege des und der Einzelnen.

„Denn Du bist bei mir“/ V.4.....betet der Psalmleser und spielt damit auf die Erklärung des Gottesnamens **„JAHWE = ICH BIN DA = ICH BIN MIT DIR“** an.

26 hebräische Worte stehen im Psalm 23 vor diesem ICHBINDA und 26 Worte bis zum Ende des Psalms. “JAHWE“ mit den Zahlenwerten der hebräischen Buchstaben ergibt 26.

Dieser „Ich bin da“ ist einer, der sich aus irdischen Strapazen und Gefahren nicht heraushält – diese vielmehr mit der Herde teilt, mit der er unterwegs ist und die Leute kennt:

Dieser „Ich bin da“ ist ein „Gefährdeter“ mit Risiko – (übernimmt Joh. 10,11 „Ich bin der gute Hirte. Der gute Hirte gibt sein Leben für seine Schafe..“)

Und politisch war die Frage in der Geschichte des Volkes Israel immer wieder:

„Wer wird Israels Hirte sein?“ –

4

Wenn alles gut läuft ist es der König, ein „Zadik“...ein

„Gerechter“, der von Gottes Gnaden regiert - ein Mensch, der sich berufen weiß, seine „Schafe“ zu weiden.

Es wird gewarnt:

Hesekiel schreibt (Kap.34): “Wehe den Hirten, die sich selbst weiden“ – etliche Jahwe-Gläubige gingen wegen falscher Hirten in den Widerstand und „wurden Propheten“.

III

„Surprised by Joy“ – (*„Überrascht von Freude“ /1955/ Gießen 1992)*

Der Literaturwissenschaftler **C.S.Lewis** (geboren 1898 in Belfast – gestorben in Oxford 1963 – begraben im Garten von „Holy Trinity Church“ in Headingten Quarry in Oxford)

war der Sohn einer Pfarrerstochter, die an Krebs starb als er 9 Jahre alt war.

Sein Studium am University College in Oxford musste er 1917 abbrechen und wurde Soldat der britischen Armee und wurde schon bald schwer durch eine Granate verwundet.

Nach dem Krieg und der Gesundung studierte Lewis Griechisch und Latein sowie Philosophie und antike Geschichte und wandte sich der pantheistischen Philosophie zu.

Etwa 1929 akzeptierte Lewis einen „personalen Gott“ – wurde 1931 Christ und Anglikaner (zum Leidwesen des Katholiken Tolkien). 1956 heiratete Lewis die schwer krebskranke Joy Davidman standesamtlich und ein Jahr später kirchlich am Krankenbett im Wingfield – Krankenhaus.

Joy starb elend 1960.

Der 58 jährige (jetzt Professor auch in Cambridge) schreibt:

„ Das erste ist selbst nur die Erinnerung an die Erinnerung. Als ich eines Tages neben einem blühenden Johannisbeerstrauch stand, stieg in mir plötzlich, ohne Vorwarnung und wie aus der Tiefe nicht von Jahren, sondern Jahrhunderten, die Erinnerung an jenen zurückliegenden Morgen im alten Haus auf....Es ist schwer Worte zu finden, die stark genug wären, um die Empfindungen zu beschreiben; nahe kommt der Sache vielleicht Milton mit seiner „gewaltigen Seligkeit“ des Paradieses. Natürlich war es ein Gefühl der Sehnsucht, aber Sehnsucht wonach?

....Bevor ich wusste, was ich ersehnte, war die Sehnsucht selbst verschwunden, der Blick durch den Schleier vorbei, und die Welt wurde wieder alltäglich, leise bewegt vielleicht nur durch ein Sehnen nach der eben entglittenen Sehnsucht.

Es hatte nur einen Augenblick gedauert; doch in einem gewissen Sinn war alles andere, was mir je widerfahren war, im Vergleich dazu belanglos.“

5

Der distanzierte belehrende Professor beschreibt in **„Surprised by Joy“ die Erfahrungen der äußersten Ergriffenheit „als Gott mich einholte**“. Gott hätte ihm die „freie Wahl angeboten“, **„die Türe zu öffnen oder verschlossen** zu lassen“ – „**ich konnte die Rüstung ablegen oder anbehalten**“. Lewis hört keine Pflicht, keine Drohung – auch keine Verheißung.

„Ich entschied mich“ schreibt Lewis....“die andere Seite brachte keine Motivation“.

„Notwendigkeit ist vielleicht nicht das Gegenteil von Freiheit, und vielleicht ist ein Mensch am freiesten dann, wenn er, statt Motive vorzubringen, nur sagen kann: **„Ich bin, was ich tue“.**

Lewis beschreibt seine letzten Jahre, **„ehe Gott sich in mir einschloss“** als ein „eingekapseltes Ich“ in alltäglicher Langeweile. **„Welterfahrung des Alltags“**, der **„Trivialität und des Tot-Seins“** beschreibt er als **„Notwendigkeit“**, die der „Freiheit“ gegenüber steht.

„Freiheit und Notwendigkeit werden eins“ = den Weg „wählen“ und „erwählt werden“ sind dasselbe und in dem Satz „**I am what I do**“ sammelt sich die Erfahrung.

So ähnlich würden wir auch den „Guten Hirten“ aus Psalm 23 sprechen hören, wenn der in Oxford Professor gewesen wäre oder war er es vielleicht?

III. **„Gang zu dir selbst uz“**

„Nicht der Gehorsam unter den Befehl einer anderen Macht ist die tiefste Gotteserfahrung, sondern das Einssein“, schreibt **Dorothee Sölle (1929-2003)** und beschreibt auf ihrer langen religiösen Wanderung wie mittelalterliche Mystiker „den Ausgang aus sich selber gefeiert haben“ = „Gang zu dir selbst uz“.

Das **Bei – sich – selber - sein** als eine **Erfahrung des „außer- sich- geraten“ und handeln** – die **Übereinstimmung von Sein und Handeln** - bezeichnet Sölle mit Lewis als die **„unio mystica“.**

Lewis nimmt, sofern die Ekstase das berühmte Gefühl des Dahin - Schmelzens meint, wieder ironisch zurück: „I rather disliked the feeling“

Die Situation, in der wir nicht oder nicht ganz sind, was wir tun – nur mit einem Teil unseres Selbst küssen, trinken, lachen, uns unterhalten, arbeiten, lesen oder meditieren, ist anscheinend die allernormalste und wird offensichtlich nur noch in die Freizeit verlegt – als sei der „gute Hirte“ nur Sonntags zwischen 10 und 11 „gut“.

6

„Wann bin ich ganz Ohr“, ganz Auge, ganz Mund, ganz Hand, ganz Leib, ganz Seele?“ fragen Sölle und Lewis.

Der jüdische Religionsphilosoph **Martin Buber** nennt diesen Alltag **das „Getriebe“ und setzt gegen das Außen des Getriebes das Innen der Seele.**

IV. „Wir wissen nichts von Gottes Wesen, aber wir wissen, was er uns tut,

und eben daran, was er uns tut, entzündet sich unsere Preisung“

schreibt **Simone Weil (1909-1943) in „Das Unglück und die Gottesliebe“.**

Simone Weil ist am 3.2.1909 in Paris geboren und am 24.8.1943 in Ashford (Grave in Bybrook Cemetery Asford Kent)gestorben. Sie hatte mit 4 Jahren lesen gelernt und rezitierte schon lange Gedichte. Selten hat sich ein moderner Mensch so leidenschaftlich, so absurd und so pathologisch gegen jede Erleichterung des Schmerzes, gegen Erleichterung von Schmerzen, gegen jedes gesellschaftliche Privileg und gegen jedes Recht zur Narkose gewehrt wie Simone Weil. Sie hatte zeit ihres Lebens Ernährungsprobleme – „hing“ 10 Jahre an Flaschen. S.Weil studierte Psychologie und Philosophie.

Simone de Beauvoir kannte sie und schreibt von einer jungen sensiblen Frau, die bei der großen Hungersnot in China Tag und Nacht weinte und hungerte. Ihre Freundschaft zum Kommunismus ließ sie alle Studien unterbrechen; sie arbeitete 1934 in einer Elektrofabrik hart körperlich und wurde anschließend arbeitslos.

Sie starb an den Hungerrationen, die sie in Solidarität mit den in Frankreich verbliebenen Juden verzehrte.

Sie schreibt viel über die „Zweckfreiheit" des **„sunder warumbe"** -

ein Begriff, den **Meister Eckart** um 1260-1327/8) **(„ohne warum")** erfunden hatte. Meister Eckart beschreibt intensiv die vom Zweck und von Berechnung lebende Kölner Kaufmannsgesellschaft. Diese tue nur, was sich lohnt und auszahlt.

„Sunder warumbe" aber erzählt vom Loben des Mondes und vom Brunnquell aller Güter, und in diesem Loben ist das zweckbesessene, herrschsüchtige Ego vergangen – es ist aus sich herausgegangen – es hat sich „versenkt" , schreibt Simone Weil und **„Das Ich loswerden heißt, die Wahrheit nicht dem Erfolgsdenken zu opfern"**.

S.Weil schreibt von der Reduzierung der Ego-Anteile.

Sie „ahnte" fast, was Erich Fromm (1900-1980) später in „Haben oder Sein" als Besitzgier beschreibt, die der Kapitalismus wie im damaligen Staatssozialismus walten lässt, in einem Gegensatz zum Sein.

Der deutsche Slogan der 30er und 50er Jahre „Haste was, biste was" erzählt

viel über die gesellschaftliche Situation in Deutschland.

Simone Weil suchte für sich die freiwillig gewählte Armut. Sie versuchte,

das Leid und die Armut zu bekämpfen, in die Menschen hineingestoßen sind, ohne gefragt zu werden.

Wie Lewis suchte sie: „Wann können wir denn sagen, dass wir *sind*, was wir *tun*".

Der Psalm 23 „Vom guten Hirten" erzählt von einem „der ist was er tut".

Wir wissen nichts von Gottes Wesen, aber wir wissen, was er uns tut!

Wolfgang Wallrich 9/13

Fragen ?

Vielleicht:

Was heißt dann –

Ich bin Pastor/In

Ich bin Christ/in

Ich bin anglikanisch

Ich bin katholisch

Ich bin evangelisch

Ich bin Arzt

Ich bin Lehrer/In

Ich bin Landwirt/In

Ich bin Mensch

Wir sind Kirche

Innovationen ?

Andeutungen

Der totkahle Strauch
sagt die Zeit voraus
bald wird es blühen
um unser Haus

Der knospende Zweig
misst die neue Zeit
bis zum Blühen
ist`s nicht mehr weit

Ein Kind noch ganz klein
sagt die Zeit voraus
bald wird es leben
in unsrem Haus

Advent 1990

Sie sagen

Sie sagen Wahrheit
und meinen Ihre Sache. Soziale Marktwirtschaft,
die geht in ihre Tasche.
Sie sagen Realismus und meinen Ihre Sicht.
Sie sagen Kapital und sehn die Menschen nicht.

Sie sagen Sachverstand und meinen Ihre Macht.
Sie sagen Politik
wird nur von uns gemacht.
Sie sagen Kirche und meinen Eierkuchen.
Sie sagen Frieden kann jeder selber suchen.

Sie sagen Ordnung
und wolln sich nicht bewegen.
Sie sagen Grundgesetz,
das ist noch auszulegen.
Sie sagen Rechtsstaat und schmier`n mit Ihrem Geld.
Sie sagen Freiheit und meinen Ihre Welt.

Sie sagen Jesus
und meinen Weihnachtsstimmung.
Sie sagen Ostern –
Aufschwung der Eier-Innung.
Sie sagen Himmelfahrt, es grüßt die Brauerei.
Sie sagen Pfingsten, wer ist beim Saufausflug dabei.

1989

Orden

Kaum war das Kind geboren bekam

es schon einen Orden:

Für Große Verdienste um den Einzelhandel

12/1995

„Alle mindestens auf der A12“

Er wollte den Posten unbedingt haben.
Er hatte sich gut auf das Bewerbungsgespräch vorbereitet.
Er hatte gute Zeugnisse parat und Nachweise vieler Fortbildungen.
Seine Kompetenz war schriftlich nachweisbar, seine großen Erfahrungen offensichtlich.
Er hatte sich auf alle Fragen gründlich durch viele Programme präpariert.
Er hatte seine weitreichenden Beziehungen alle im Kopf gespeichert.
Er hatte das Sprechen regelrecht geübt.
Er hatte sich auf alle möglichen Fragen durch vielerlei Programme regelrecht präpariert.
Er hatte Körperhaltung und „Körpersprache“ regelrecht eingeübt.
Er hatte das richtige Parteibuch und Mitglied der Kirche.
Und dann? Dann kam das Bewerbungsgespräch.
Und dann kam nur eine Frage, direkt am Anfang, dreimal hintereinander.
Und:“ Hast Du die Menschen lieb, die Kinder, die Alten, die Fremden?“
Und:“ Kannst Du die Tiere lieben, die Pflanzen und Bäume, die Luft und die Erde?“
Und: „Liebst Du das Leben?“ und „das Leben aller?“.
So fragte damals der Meister – als ein gewisser Petrus Karriere machen wollte!
Unsere Bewerbungsgespräche mit weiblichen und männlichen Politikern, mit Pädagoginnen, mit ErzierInnen, mit BischöfInnen, mit PfarrerInnen , mit AmtsleiterInnen , staatlichen und städtischen BeamtInnen und ÄrztInnen, mit dem Krankenhauspersonal
sollte so beginnen!!

1989 - 2020

Printed by Books on Demand GmbH, Norderstedt / Germany